本书获广州市人文社会科学重点研究基地（广州国家中心城市研究基地）资助

XINKEJI YU CHENGSHI GONGNENG KONGJIAN

新科技与城市功能空间
——影响、趋势与因应

巫细波　白国强◎著

中山大学出版社
SUN YAT-SEN UNIVERSITY PRESS
·广州·

版权所有　翻印必究

图书在版编目（CIP）数据

新科技与城市功能空间：影响、趋势与因应/巫细波，白国强著. —广州：中山大学出版社，2019.10
ISBN 978-7-306-06632-9

Ⅰ. ①新… Ⅱ. ①巫… ②白… Ⅲ. ①技术革新—影响—城市建设—研究—中国 Ⅳ. ①F299.21

中国版本图书馆 CIP 数据核字（2019）第 102570 号

出 版 人：	王天琪
策划编辑：	金继伟
责任编辑：	张　蕊
封面设计：	曾　斌
责任校对：	罗雪梅
责任技编：	何雅涛
出版发行：	中山大学出版社
电　　话：	编辑部 020-84110771，84110283，84111997，84110779
	发行部 020-84111998，84111981，84111160
地　　址：	广州市新港西路 135 号
邮　　编：	510275　传　真：020-84036565
网　　址：	http://www.zsup.com.cn　E-mail：zdcbs@mail.sysu.edu.cn
印 刷 者：	广州市友盛彩印有限公司
规　　格：	787mm×1092mm　1/16　13.5 印张　250 千字
版次印次：	2019 年 10 月第 1 版　2019 年 10 月第 1 次印刷
定　　价：	45.00 元

如发现本书因印装质量影响阅读，请与出版社发行部联系调换

序　言

　　第二次工业革命以来，城市空间布局主要受自然地理及生态格局、人口分布的变动、交通体系的形成、产业布局内在的支撑、重点功能区的建设、政府的举措规制等诸多因素的影响。20世纪90年代以来，以科学革命、技术革命和产业革命交叉融合为主要特征，以数字技术、物理技术、生物技术创新为突破口，以新一代信息技术、节能环保、生物技术、智能制造、新能源、新材料、新能源汽车等为主导产业的新科技革命加速到来，将触及人类经济社会的各个方面。特别是初现端倪的可植入技术、数字化身份、物联网、3D打印、无人驾驶、人工智能、机器人、大数据、智慧城市等将对城市产生深刻影响，极有可能重塑全球生产、消费、运输与交付体系，新产业、新业态、新经济随之应运而生。在新的科技因素作用下，城市的生产方式、生活方式、组织方式将产生颠覆性变化。城市空间作为人类生产生活的基本载体，将因此呈现出新的布局模式和功能变革。

　　广州作为全球超大城市之一，新科技革命的诸种要素正在加速聚集，主要影响正在率先凸显，必将是新科技革命萌芽、产生、爆发、辐射的"源点"城市之一，传统的城市空间格局极有可能受到颠覆性、革命性、创新性影响。因此，极有必要分析新科技革命对广州城市空间基本决定要素的可能影响，特别是对传统影响因素的变化予以解构式分析，为广州城市空间布局预留余地、尽早谋划，为适应新科技革命时代全新的城市运营模式提供战略支撑和建议。为此，在"新科技革命下广州城市功能空间的布局趋向研究"课题研究基础上，形成了《新科技与城市功能空间——影响、趋势与因应》一书。全书包括10章，其中，巫细波负责全书结构设计、统稿并撰写了第二章、第三章、第四章、第六章、第七章和第九章，白国强负责撰写了第一章、第五章、第八章和第十章，感谢姚阳副研究员为第五章内容提供了大量素材。通过研究，我们得到以下结论。

第一，新科技革命已经出现多点、群发突破的发展态势，"网罗一切"、万物互联渐成现实，深刻地改变着人类的时空概念，促进地球物质世界的深度智能发展，形成了超越自然人的智能新体系，通过协同共享，促成了更广泛意义的一体化。而新科技革命推动下的物种迭代，将促进世界物质观发生重大变化。新一代信息网络技术、生物技术、人工智能技术、新能源、新材料、现代交通技术等各种技术的交叉融合又将形成许多新的生产服务体系。对于城市来说，这将直接铸就新的城市功能，引致城市功能空间的结构变动和转型升级，促进城市功能空间复合化、绿色化、智能化、柔性化、外延化，并出现新的图景。

第二，各技术领域对城市功能空间的影响存在融合性、复合化趋向，空间建设新理念的转型和实行将带来城市发展新图景。从各领域与城市功能空间的联系特性看，网络信息技术、现代交通技术属于直接的空间关联性技术，它们是压缩时空距离、推动着城市空间的扩展、加强区域间联系的主要技术支撑；其他类型的技术也不同程度地改变了城市功能空间的特性。

网络信息技术与人工智能技术对城市功能空间布局的影响是结合到一起的：两者共同推动广州城市功能空间扩张，城市空间布局结构也将由单中心朝多中心、网络化方向发展；创造全新的城市虚拟空间，助推城市功能的整体协调，实现城市各功能空间的无缝对接和整体智能协作；融合不同类型的城市功能空间，形成全新的、更具效率的综合性城市功能空间；催生以电子制造、软件信息业和人工智能产业为重点的产业园区，衍生无人工厂、无人商店等许多新的产业业态；对城市超级空间实时智能监管和预警，加速城市虚拟空间与实体空间的有效对接，从而在整体上铸就虚实结合、内外相容的超级城市空间。

现代交通技术对城市功能空间的影响是巨大的，它的发展应用将深刻推动城市交通功能空间的结构转型。新型交通工具和交通模式的变化，将催生包括适应无人驾驶道路、建设无人机配送仓、新能源汽车充电等城市新型交通基础设施建设；交通枢纽将因无人驾驶和共享交通而向小型化、分散化发展。交通效率进一步提高，使传统交通空间需求逐渐转向其他功能空间，人行道等步行空间逐渐形成一个多元复合空间；停车场等静态交通空间分布和需求发生变化，未来无人驾驶技术和共享经济的推进将使车辆的使用率大大提高，停车需求也可能逐渐减小；汽车将成为"第三空间"并发挥多功能性；无人驾驶在货运物流、快递派送、城市保洁的广泛应用以及智能物流的发展，将促进夜间交通空间利用率的提高；新能源汽车发展将促进加油站功能重构；现代交通技术的发展应用将进一步拓展城市社会交往功能空间，有助于改善城市生态空间，也推动城市居住功能空间的地域变迁和蔓延。

新能源、新材料和现代生物技术作为形成城市空间填充物质的主要构成和影响因素，将综合其他各种技术成分从以下方面深刻影响城市功能空间布局：一是能源互联网的形成，将推动城市能源供给功能空间的重大转型；新材料技术赋予城市功能空间防潮、防火、保温、灭菌等新特性，出现"装配城市""组装式建筑"等颠覆城市功能空间建设的新概念，促进城市功能空间朝大型化、复合化发展。二是促进城市空间的绿色化、低碳化。现代生物技术将使城市绿色生态功能空间不断扩大，中心城区农业空间功能可能实现"回归"，有助于改善城市生态功能空间品质。三是相关产业空间不断成长。新能源技术的发展应用将催生智慧能源功能空间需求加速增长，新型能源产业园区应运而生；新材料技术将使城市主导产业实现更大规模的空间扩张；生命健康产业空间增长成为广州发展的现实需要，生物能源技术还将催生城市能源生产新空间。四是新材料技术与信息技术、生物技术、能源技术相互融合，将推动城市功能空间的跨界融合，尤其是深度生物智能空间的创新生成成为可能的现实，进而也颠覆城市功能空间的相互关系。

综合上述各领域技术的影响与展望，城市空间的融合性、复合性将大为增强；随着各领域技术应用深度的增加，相应产业功能空间需求将明显增长；进而颠覆既有的城市功能布局和建设理念，并将会给城市功能空间发展带来新的图景。

第三，新科技革命背景下各主要类型的城市功能空间出现新的趋向，需要进一步促进各类城市功能空间的协调，在空间的增量与存量、集聚与扩散、体量与规模上做出科学安排。在新科技革命背景下，广州作为一个超大城市，各类型城市功能空间的变化有明显差异，推动各城市功能空间的深度融合成为城市的一个整体战略。

对于各类型城市功能空间来说，需要抓住重大的战略性技术影响，顺应城市空间功能的趋势性方向，加强城市功能空间的布局调整。交通功能空间具有明显的短缺特性，新科技将具有颠覆性影响，交通功能空间将面临重大的结构性调整。无人驾驶与有人驾驶交通系统，地下、地上及低空交通方式协调，交通枢纽站点与线路安排，都需要做战略性谋划。商贸功能空间也将面临大的空间结构演变，网络扁平化、大集中小分散的格局成为必然，城市"智能商贸""智能物（商）流"空间必将扩展，并相应地谋划新型高效的自动化配送、低空配送、专用配送等城市物流配送通道和智能化配送体系。维护城市绿色生态空间功能，需要强化人工生态系统的塑造及其对其他城市功能空间的环境性渗透，建设现代化绿色基础设施，推动城市社会生产、生活方式的绿色低碳转型。城市文化休闲空间体现出一种突出的软体化功能，其延展性、渗透性将不断得到强化；以新技术提升文化休闲空间的创意性品味，塑造更多的新型文化休闲空间形态，实现文化休闲理念的精深化和促进文化休闲虚拟空间与实体空间的无缝对接与融合，是城市文化休闲空间塑造方面具有长远价值的方向。

就产业功能空间而言，既要加快低效产业功能空间的改造升级，促进其与其他城市功能空间的适度混合，又要防止其"异化"为"房地产项目"；加强对新技术的研究与跟踪，提前谋划并发展建设具有潜力的新兴产业空间；在城市空间供给"高门槛"的情况下，必须适应创新创业环境塑造的需求，积极增加创新型中小企业的空间供给。科研教育功能空间的塑造对于城市的创新驱动发展及外在形象塑造意义重大，要进一步增加教育科研空间资源的总量和区域分布之间的均衡水平，谋划培育高端教育科研服务领域的知名品牌，建设以教育科研服务业为核心的新型价值园区。城市服务功能空间的配置对提升新型城镇化的质量和水平至关重要，需要进一步促进城市医疗、家政服务、生活服务等服务空间的品质化均衡化，需要谋划面向全球城市的高端城市服务功能空间，强化城市服务功能空间的信息安全保障。

综合上述城市功能空间布局的发展趋向，使城市空间结构的战略调整和转型成为必然。在增量空间上，应重点关注技术引致的产业功能空间的增长，增加相关产业空间的供给。在存量空间的优化上，要更加注意各功能空间的融合发展和结构调整，促进传统城市功能空间的有效转型。在空间建设模式上，应关注城市功能空间集聚与分散的不同趋向需求，科学安排各类城市功能空间。在建设体量和空间规模上，要适应不同城市功能空间的不同规模体量需要，从长远战略上谋划城市空间功能布局的关键节点。

第四，为适应新科技革命带来的城市功能空间变化，需要有前瞻性地采取相应的空间发展策略。一是把握新科技、新趋势，重视新科技带来的城市功能空间建设理念和发展模式的变化；二是为新科技转化为新战略产业储备足够的产业发展空间，助推城市的空间战略转型；三是夯实新科技新基础，超前布局新科技、新产业基础设施；四是积极运用新科技建设枢纽型网络城市，助推城市功能空间的系统协调；五是重视城市虚拟空间，注重城市功能空间的人文设计；六是树立和提高技术风险意识，塑造城市功能空间的技术安全特区。

本书在写作过程中得到了很多同事和朋友的帮助，特别是杨再高研究员、姚阳副研究员、程风雨副研究员、葛志专助理研究员等，在此表示衷心感谢。此外，本书的出版得到了广州国家中心城市研究基地资助。新科技革命对城市功能空间的影响是一个内容体系庞大复杂的课题，特别是新科技革命对城市功能空间的作用机理还有待深入探讨和研究，因此对其的认识和研究将是一个长期过程。为了更聚焦研究主题，本书仅选取了网络信息技术、人工智能技术、交通技术、新能源技术、新材料技术、现代生物技术六种有代表性的新技术，重点以广州为例，初步探讨了新技术对交通功能空间、商贸功能空间、生态功能空间、文化休闲功能空间、产业功能空间、居住生活功能空间、教育科研功能空间、城市服务功能空间八类城市功能空间的影响，还有许多方面仍需在下一步展开深入研究。本书参考了很多国内外学者相关的研究成果，对此表示感谢。由于作者知识能力有限，加上仓促成稿，本书仍然存在诸多不足之处，希望读者和专家多给予批评指正。

目 录

第一章 相关概念认知与分析框架……………………………… 1
　第一节 新科技革命的概念及其特征……………………………… 3
　第二节 城市功能空间概念、特征及相关研究…………………… 10
　第三节 分析框架…………………………………………………… 25

第二章 新科技革命对城市功能空间的影响：一般性分析……… 27
　第一节 总体效应…………………………………………………… 29
　第二节 总体趋向…………………………………………………… 33

第三章 网络信息技术对广州城市功能空间的影响展望………… 37
　第一节 阶段进展…………………………………………………… 39
　第二节 发展动向…………………………………………………… 54
　第三节 应用状况与应用前景……………………………………… 59
　第四节 对广州城市功能空间的影响展望………………………… 61

第四章 人工智能技术对广州城市功能空间的影响展望………… 65
　第一节 阶段进展…………………………………………………… 67
　第二节 发展动向…………………………………………………… 72
　第三节 应用状况与应用前景……………………………………… 75
　第四节 对广州城市功能空间的影响展望………………………… 78

第五章 交通技术对广州城市功能空间的影响展望……………… 81
　第一节 阶段进展…………………………………………………… 83
　第二节 发展动向…………………………………………………… 88
　第三节 应用状况与应用前景……………………………………… 91
　第四节 对广州城市功能空间的影响展望………………………… 96

第六章 新能源技术对城市功能空间的影响展望………………… 101
　第一节 阶段进展…………………………………………………… 103
　第二节 发展动向…………………………………………………… 106

第三节　应用状况与应用前景…………………………………108
　　　第四节　对广州城市功能空间的影响展望……………………110
第七章　新材料技术对广州城市功能空间的影响展望……………113
　　　第一节　阶段进展………………………………………………115
　　　第二节　发展动向………………………………………………119
　　　第三节　应用状况与应用前景…………………………………124
　　　第四节　对广州城市功能空间的影响展望……………………126
第八章　现代生物技术对广州城市功能空间的影响展望…………131
　　　第一节　阶段进展………………………………………………133
　　　第二节　发展动向………………………………………………137
　　　第三节　应用状况与应用前景…………………………………140
　　　第四节　对广州城市功能空间的影响展望……………………141
第九章　新科技革命下广州各类城市功能空间布局趋势与优化 …145
　　　第一节　交通功能空间布局：技术影响与优化方向…………147
　　　第二节　商贸功能空间布局：技术影响与优化方向…………152
　　　第三节　生态功能空间布局：技术影响与优化方向…………156
　　　第四节　文化休闲功能空间布局：技术影响与优化方向……160
　　　第五节　产业功能空间布局：技术影响与优化方向…………165
　　　第六节　居住生活功能空间布局：技术影响与优化方向……170
　　　第七节　教育科研功能空间布局：技术影响与优化方向……174
　　　第八节　城市服务功能空间布局：技术影响与优化方向……178
第十章　主要结论与策略建议………………………………………183
　　　第一节　主要结论………………………………………………185
　　　第二节　策略建议………………………………………………189
参考文献………………………………………………………………195

第一章　相关概念认知与分析框架

　　20世纪90年代以来，新科技革命勃发，可植入技术、数字化身份、物联网、3D打印、无人驾驶、人工智能、机器人、大数据、智慧城市等新科技、新产业、新业态日新月异，重塑了全球生产、消费、运输与交付体系，对城市的生产方式、生活方式、组织方式产生颠覆性影响，并深刻地引导城市空间发生革命性的功能转型和布局模式转换。本章主要介绍新科技革命的概念及特征，对城市功能空间概念、特征及相关研究进行分析和回顾，最后提出本书的整体分析框架。

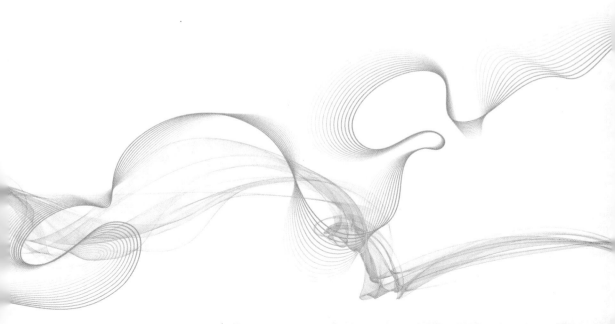

第一节 新科技革命的概念及其特征

一、新科技革命的概念

何谓新科技革命？目前尚未有统一的认知和定义。从世界科技发展进程的表现看，科技进步可分为渐进式和爆发式两种形式。显然，科技革命不是渐进式的、改良性质的一般科技进步，而是爆发式的、革命性的科技进步（创新和发明）。

从科技革命的具体影响变化看，既涉及科学的基本原理、社会建制、规范标准以及科学活动的方式方法的根本性变革，也涉及技术的理论基础、内在结构、规范标准以及技术活动的方式方法、技术应用的形式规模的根本性变革。前者可称为科学革命，后者可称为技术革命，当科学革命和技术革命同时发生且紧密相连时即为科技革命，因而科技革命亦可归结为三种类型：科学革命、技术革命、科学和技术革命。按照库恩的范式理论，科学范式是由科学实践的定律、理论、应用和仪器等组成的公认范例，共同为特定的连贯的科学研究提供模型；技术范式是技术研发的原理、方法、规范和应用等公认范例，共同为特定的连贯的技术研发提供模式。科技革命包括科学范式的转变（科学革命）和技术范式的转变（技术革命），如天文学、物理学、化学和地学革命属于科学革命，蒸汽机、运输机械、电力、电子技术革命属于技术革命，是一种旧范式全部或部分地为另一个与其完全不能并立的崭新范式所取代。何传启（2017）认为科技进步不仅是科技范式的转变，同时也是科技与经济、政治、社会和文化相互作用的结果（如图1-1所示）；因此，科技革命的实质是以科技变化为核心，包括科技范式、思想观念、生活方式和生产方式的系列转变，是在影响人类文明层面上引发科技范式以及人类的思想观念、生活方式和生产方式的革命性转变的科技变迁。本书讨论的科技革命，泛指在广州市域范围内出现的由网络信息技术、生物技术、新材料技术、新能源技术、交通技术、人工智能技术等技术领域及其细分种类可能引致的科技变迁，并非必定符合上述定义和标准意义上的科技变革。

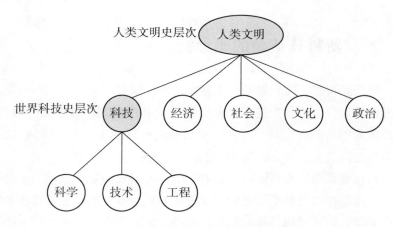

图1-1　科技革命的两个观察层次①

二、新科技革命的主要进展

关于新科技革命的进展，涉及的基本问题就是怎样划分科技革命的阶段，以及当下的科技革命属于第几次科技革命。对此，研究这一问题的两类学者有不同的认知。一类是以何传启为代表的"第五次科技革命论"，认为到目前为止人类已经历了五次科技革命，目前正在经历着以电子计算、信息网络为标志的科技革命，且还在延续；接下来还会有以新生物学和再生革命为主导的第六次科技革命和以新物理学和时空革命为主导的第七次科技革命（如图1-2所示）；另一类是以冯昭奎等为代表的"第四次科技革命论"，认为目前正在经历信息技术、生物技术、新能源技术、新材料技术等

---

① 何传启：《新科技革命的预测和解析》，载《科学通报》2017年第62卷第8期，第785—798页。

交叉融合的新一轮科技革命和产业变革。两者在阶段区分上的观点有明显差异（见表1-1），但也有其自洽的逻辑。何传启先生的划分更为细致，考虑的时间纵面更长，还有预判性；冯昭奎先生的划分则较为粗略，但其对当今科技革命的现实状态把握似乎更合理，突出了当下正在发生的科技革命是信息技术、生物技术、新能源技术、新材料技术等交叉融合的特点。

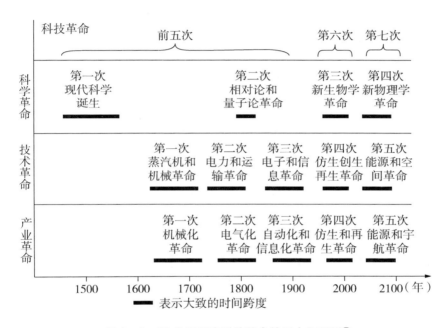

图1-2 16世纪以来科技革命的历史和预测①

事实上，电子信息技术、自动化、计算机、互联网的发展正在延续并渗透诸多跨界领域，宽带网络、无线网络、智能网络持续快速发展；借助信息化浪潮，生物、信息、材料、智能制造、机器人等领域的发展方兴未艾，物质科学向微观深入、宏观拓展和极端条件方向发展；智能制造从分子层面设计、制造与直接数字化制造结合，到新一

---

① 何传启：《新科技革命的预测和解析》，载《科学通报》2017年第62卷第8期，第785—798页。

代材料的发现、发明和应用,将改变生产、生活的诸多因子和实体内容,并将产生新的技术产品和业态。在可持续发展需求的推动下,交通技术、智能制造、信息技术等诸多技术领域孕育着重大突破。产品、产业的形态,产业的组织方式,分工模式都将进行新的重构。由此观之,当下的新科技革命应属于第四、第五、第六次科技革命延续、过渡、交叉、融合的阶段。虽然各项技术革命的进程不同,但新科技革命是指诸多科学技术领域和技术群种、技术产品簇群相继勃发的总体发展阶段。

表1-1 何传启与冯昭奎的科技革命阶段划分的对比

阶段	何传启(2017)的阶段划分	冯昭奎(2017)的阶段划分
第一次科技革命	现代科学诞生(科学革命):16—17世纪。以伽利略、哥白尼、牛顿等为代表的科学家,在天文学、物理学等领域实现了革命性理论创见	电气化与汽车时代的开始(19世纪60年代—20世纪初)
第二次科技革命	蒸汽机和机械革命(技术革命):18—19世纪。蒸汽机、纺织机的发明及机器作业代替手工劳动带动了重大科技变革	原子能的利用与电子计算机的发明(20世纪40年代—20世纪七八十年代)
第三次科技革命	电力和运输革命(技术革命):19—20世纪。以电力技术和内燃机的发明为主要标志,带动了钢铁、石化、汽车、飞机等行业的快速发展	互联网革命(20世纪七八十年代—21世纪一二十年代)
第四次科技革命	相对论和量子论革命(科学革命):20世纪上半叶。以进化论、相对论、量子论等为代表,促进了自然科学理论的根本变革	信息技术、生物技术、新能源技术、新材料技术等交叉融合,正在引发新一轮科技革命和产业变革(当前)

(续表 1-1)

阶段	何传启（2017）的阶段划分	冯昭奎（2017）的阶段划分
第五次科技革命	电子和信息革命（技术革命）：20世纪下半叶。以电子计算、信息网络的出现为标志，本次科技革命还在延续	—
第六次科技革命	新生物学和再生革命（科技革命）：21世纪上半叶。以新生物学、信息转换、人格复制、仿生再生为标志	—
第七次科技革命	新物理学和时空革命（科技革命）：21世纪下半叶。以新物理学、新时空、新能源、宇宙旅行为标志	—

三、新科技革命的主要特征

当今新科技革命已经出现多点、群发突破的发展态势，带来新的科学理论和技术范式变革，产生新的产品、产业和业态，改变了物质世界和虚拟世界的充填空间及其相互关系，表现出与以往任何一次科技革命所不同的特征，具有更大程度的颠覆性、科学性和创新性，将有可能出现人类文明的新形态。

（一）"网罗一切"：万物互联渐成现实

在本轮新科技革命中，新一代网络信息技术的应用占据主导地位，同时将涵盖和渗透其他不同技术革新领域，以节能环保、生物技术、智能制造、新能源、新材料、新能源汽车等为主导产业的新科技革命将一一打上"网络"的烙印；实体交通网络的区间联系也将更加紧密。同时也将推动实现人与人、人与物、物与物、物与服务的信息互联,形成一个无时不在、无处不在的网络信息交互联通的环境,推动人类生产方式、商业模式、生活方式、学习和思维方式发起深刻的革命。

(二)时空压缩:时空概念深刻改变

在感知、互联、数据和计算技术的推动下,信息和数据以光速迅捷传播,实体空间和网络空间以及两类空间之间的内部沟通将变得越来越便捷。信息传播的即时效应将彻底改变传统意义上的时空概念,有可能把过去、未来和现在统一到"实时"概念中,使"这里""那里"的位置区分也不像从前那样重要,也改变了不同位置之间的空间联系。

(三)深度智能:超越自然人的智能新体系

新科技革命将使未来世界逐步超越自然人的智力能力,更加显著地体现为深度智能,逐步推动生物智能的逻辑化、符号化,促进人工智能的精确化、拟人化;将在人、生物、机器、社会之间形成一个更大范围的群体性智能,铸就一个超越人类范畴的智能新体系和新的知识工程体系。

(四)协同共享:更广意义的一体化

在未来科技革命的世界里,存在即有痕迹,联系即有信息,实体空间可观察痕迹,虚拟空间可搜索信息;实体空间的活动在虚拟空间中得到更多的扩展。同时,新科技革命将揭示出更多不同事物之间的关联性和网络性,不同位置空间的关联渠道、方式、联系速率都将得到显著提升,令世界在更广的意义上实现一体化。在此情况下,依赖信息技术支撑和各项技术的协同,不同时间、不同地点的事物得以在一定时空范畴内实现信息交互，在空间利用上将可能更多地实现共享。

（五）物种迭代：世界物质观将发生重大变化

在新科技革命的推动下，物种数量和质量将发生根本性的变化和迭代，世界物质观将焕然一新。在新生物学革命和信息技术革命的支撑下，信息转换器、人格信息包、人体再生、创造生命、神经再生、体外子宫、家用仿生人将层出不穷，人类将出现四种生存形式，即自然人、网络人、仿生人和再生人，并生活在物理空间和网络（虚拟）空间之中。随着新物理革命和空间技术的发展，暗物质的发展和宇宙空间认知的扩展，人类的太空家园梦想或将实现，人类关于物质概念的内涵和外延将成千上万倍地扩展，世界物质观也将发生重大变化。

（六）交叉融合：集成新的生产服务系统

在新一轮科技革命中，几乎任何技术领域都离不开信息技术，也离不开新材料技术。所有技术领域已经是某项技术与信息技术、新材料技术的"交叉融合"。如信息转换技术、人格复制技术、仿生技术、创生技术、再生技术等都是多项技术的融合结晶。在产品和成品层面上，机器人与人工智能、手机与人工智能、图像传感器与精密制导武器、半导体材料与太阳能电池等都体现出明显的技术复合性和亲和力；在产业发展层面上，系统特性、学科界限、产业链、创新链的界限更加模糊，贯穿其中的是以知识为核心的需求挖掘以及知识创新、产权管理、交易机制、标准、服务等相关活动，形成系列的知识工程体系和新的生产服务体系，如整合和创生生物学、意识和脑科学、生命和再生工程、信息仿生工程、纳米仿生工程等。因此，产业的生产方式和竞争手段也将有所不同。

第二节 城市功能空间概念、特征及相关研究

一、城市功能内涵及类型

（一）城市功能内涵

功能是事物作用于他物的能力，也指一个系统作用于环境的能力。城市功能则是指具有特定结构的城市系统在内部和外部的物质、信息、能量相互作用的关系或联系中，所表现出来的属性、能力和效用，包括对内功能和对外功能两部分。从属性角度看，城市功能表现在城市经营管理过程中各实施要素的性质及其相互间的关系；从能力角度看，城市功能则是城市运营对城市自身发展和区域发展所产生的影响强度；而从效用角度看，城市功能必须依赖于特定的城市实体地域及其经营管理过程，同时表现在其对国家或地区及其自身的政治、经济、文化生活中所产生的关系、能力及作用，因此可以说，功能是城市存在的根本。纵览城市发展演进的历史，可以发现，城市功能随历史变迁会不断发生变化。[①] 随着时间的推移，城市自身的发展条件和外部环境都会发生变化，从而导致城市功能有可能发生变化。另外，城市发展也有其内部规律性，随着城市规模的增长，一些城市功能随着城市规模增长逐渐加强，一些对外服务的城市功能逐渐成为城市内部服务功能，城市功能的复合性和等级性会发生变化。因此，城市功能在某一历史时期相对稳定，但也有可能发生改变。

---

① 高宜程、申玉铭、王茂军等：《城市功能定位的理论和方法思考》，载《城市规划》2008年第32卷第10期，第21—25页。

(二) 城市功能的类型和特点

1. 城市功能类型

城市功能类型的划分方式有很多种,依据不同规则可划分成不同类型的城市功能组。

(1) 依据城市功能的共通性划分。依据城市功能的共通性可以将城市功能划分成一般功能和特殊功能。经济功能、居住功能、社会功能等任何城市都具备的功能称为一般功能,而依靠特殊地理环境、资源优势等一般城市难以具备的有利条件形成的功能称为特殊功能。城市特殊功能相对于一般功能而言,就是其他城市难以或者不可能具备的功能。石油城市、煤矿城市、林业城市等是资源型城市,主要是由于其自然资源的优越性而形成的特殊功能;沿海城市、沿江城市、港口城市、边防城市等由于其特殊的地理位置,承担了不同于一般城市的功能,形成了在区域或者国家层面能发挥出不同强度和能量的城市功能;而历史古城、宗教名城、文化名城等由于其特殊的历史进程,成为具有独特功能的城市。总体而言,一般功能和特殊功能都是一个城市要实现可持续发展的必要条件,二者缺一不可。缺乏一般功能的城市则不能称之为城市,无法为人类提供基本的生活、生产及各类经济活动条件,而具备特殊功能的城市相对一般城市则拥有更多发展空间和潜力。特殊功能的存在能够提升城市发展能级,为城市参与大区域甚至国家层面的分工合作提供了可能。因此,如果说一般功能的稳定发展是一个城市进步的必要条件,那特殊功能的存在就是城市进步的充要条件。

(2) 依据城市功能承担的作用划分。从经济发展角度看,城市功能可以划分为经济功能和非经济功能两大类。经济功能是一个城市的核心功能,指城市在国家或区域内发生的商品生产、交换、分配以及消费等活动过程中发挥的作用。非经济功能则是指在非物质资料的生产、交换、分配以及消费等活动过程中城市所承担的作用,主要包括文化传播和交流、宗教活动、行政管理等功能。衡量城市的经济功能和非经济功能的能效和规模的指标是多样的。前者既可以采用物质资料生产、消费的数量、质量和规模来衡量，还可以用产业、行业、企业的从业人员数量、结构、规模来衡量；非物质资料生产部门的衡量可以用从业人口的数量、结构和规模来衡量。城市经济功能是城市功能的核心，同时也是城市的一般功能。借助规模经济效应，城市可进一步增强城市的经济功能，并通过累积循环因果关系，使城市在区域或国家的生产分工中占据的优势不断得到强化。如果一个城市缺乏经济功能而主要依靠单一的城市非经济功能，则缺乏可持续性，容易导致城市缺乏活力并走向衰落。城市经济功能还可以划分成物质生产性功能和非物质生产性功能，物质生产性功能是指在经济活动过程中的第一环节即物质产品生产方面的功能，主要体现在城市的工业领域。非物质生产性功能是指为生产服务的科技研发、商品流通、金融服务、人才培训、商务会议等主要体现在城市服务业领域的功能。随着人类借助科学技术使生产效率越来越高，城市非物质生产性功能不断得到强化，特别是技术创新已经成为经济社会发展的关键动力源，使得非物质生产在经济功能中占据重要地位甚至超越了物质生产性功能。

（3）依据城市功能结构组合划分。依据城市功能结构及多样化程度可以将城市功能划分为单一城市功能和复合城市功能。单一城市功能是指一个城市向外界区域输出的商品和服务的种类单一及结构简单，而复合城市功能则是指城市向外界区域输出的商品和服务的种类、结构多样而且复杂。随着工业化进程的深入发展及智能化工业时代的到来，社会生产分工越发细化，个性化定制生产越来越普及，城市及区域之间的产业合作越发频繁，使城市功能向复杂化、多样化方向发展。相应地，单一功能城市数量逐渐减少，而具有复合型功能的城市更加普遍。因此，从可持续发展的角度来看，单一城市功能的安全系数较低，可持续发展的能动性较差；而复合型城市功能的缺陷在于生产组合的多样性导致资源配置存在多种可能性，在实际生产与城市管理过程中难以对各项生产管理活动进行最优化评估，对有限资金、人力和基础设施的分配管理存在片面性，导致城市功能无法充分发挥最大能效，不但增加了交易费用及机会成本，同时也不利于城市功能的全面发展和充分发挥。因此，对城市功能的培育既要避免过于单一化以提高城市发展的稳健性，也要注意避免过于多样化造成低效的资源配置，不利于城市功能培育优势功能。

（4）根据城市功能强度划分。从城市功能作用强度角度看，城市功能可划分为主要功能和次要功能。随着城市化及工业化进程的深入，城市功能呈现多样、复杂、易变等特征。城市主要功能是指城市在一定时期内，在市场占有率、市场需求规模以及产品质量和数量等方面占有主导地位并对外输出商品或劳务的能力，城市主要功能决定了城市性质、发展趋势以及在区域内的地位。次要功能是指在一定时期范围内，城市向外输出的具有比较优势的商品或劳务的能力，次要功能不是城市发展的决定性力量，但是对城市主要功能具有辅助和促进作用。从总体上看，主要功能决定了次要功能的内容和能量，因此，城市的主要功能和次要功能相辅相成，共同为城市和区域的发展发挥作用。城市功能的多元化发展的趋势说明城市逐步经历了由简单向复杂、由片面向全面、由低级向高级的发展过程。城市的主次要功能还有时段性特征：城市功能在一定时期内，随着城市规模的扩大、产业结构的升级以及其他市场经济因素的变化，主要功能和次要功能将发生转化。

2. 根据城市功能划分城市类别

一般情况下，确定了城市的基本功能和主要功能后，进而依据城市的经济功能和非经济功能的划分，对城市进行类别划分，城市除经济功能以外主要发挥政治和文化的输出功能。经济功能分别划分为生产性功能和非生产性功能。其中，生产性功能根据制造业、采掘业、林业以及渔业等产业结构划分；非生产性功能包括贸易型功能和消费型功能。非经济功能有政治功能和文化传播功能。其中，政治功能包括行政管理功能和军事管理功能；文化功能的类别较多，有教育、科技、历史文物、宗教等功能类型（见表1-2）。

表1-2 依据城市功能划分的城市类别

分类城市				代表城市
政治城市	行政管理城市		国家行政管理城市	华盛顿、北京、新德里、堪培拉
			地方行政管理城市	天津、大阪、纽约
	军事城市		陆军基地城市	费耶特维尔
			海军基地城市	符拉迪沃斯托克、普利茅斯、直布罗陀
			空军基地城市	费耶特维尔
经济城市	生态型城市	工业城市	钢铁工业城	伯明翰、埃森、匹兹堡
			机械电子工业城	慕尼黑、深圳、东莞
			轻纺工业城	西宁、苏州、孟买
			汽车工业城	长春、广州、上海、丰田、底特律
			食品工业城	重庆、青岛
			化学工业城	卡雷加、大阪
			建材工业城	濑户、景德镇、斯托克城
		采掘业城市	石油工业城	马拉开波、巴库、大庆
			煤炭工业城	抚顺、盖尔森基兴
		渔业城市		卑尔根、圣约翰
		林业城市		阿尔汉格尔斯克、白城
	贸易型城市	商业城市	零售业中心 批发业中心 货物储运中心	八日市、纽约、伦敦、上海、广州、布宜诺斯艾利斯
		交通城市	航运中心	横滨、新加坡、威尼斯
			铁路公路枢纽	温尼伯、日本米原、郑州
			航空中心	加拉加斯、卡拉奇、安克雷奇
			通讯中心	华盛顿、北京
		金融城市	银行服务中心 证券交易中心 外汇交易中心 期货交易中心	纽约、伦敦、上海、东京、香港

（续表1-2）

		分类城市	代表城市
经济城市	消费型城市	旅游观光城市	罗马、巴黎、爱丁堡、三亚
		居住城市	波茨坦、莱奇沃恩、厦门、青岛
非经济城市		教育城市	牛津、剑桥、莱比锡
		科技城市	硅谷、深圳、新竹、筑波
		影视城市	长春、好莱坞、柏林
		新闻出版城市	东京、北京
		历史文物名城	北京、京都、雅典
		宗教城市	拉萨、耶路撒冷、梵蒂冈

二、城市功能空间的概念、结构及特征

（一）城市功能空间的界定

城市是由众多复杂子系统所构成的巨系统，城市功能是由城市空间填充物组成的系统所反映出来的对于城市运营和对外服务作用和功效的总称；它既包括城市职能，也包括为城市服务的地方化功能。城市功能空间指城市功能在空间上的结构特征，是各类城市功能的地理位置及其分布特征的组合关系，也是城市功能组织在空间地域上的投影。从城市功能分区的角度来看，可以分为交通功能、商贸功能、城市生态、文化休闲、产业空间、居住生活、教育科研、服务空间等功能空间，其中既包括地方化的服务功能空间，也包括对外服务的功能空间。当然，每一种功能还可以进行细分，如城市公共服务功能空间可以包括公共管理与服务功能空间、商业服务功能空间。而公共管理与服务功能空间还可以细分为行政办公、图书馆、博物馆、档案馆、科技馆、美术馆、文化馆、学校、体育场所、医院等方面的功能空间。商业服务功能空间可以细分为商业、餐饮、旅馆、电影院、商务

办公、各类竞技场馆、剧场等。

为方便讨论研究问题，本书对研究所涉及的城市功能做以下简单定义：交通功能空间是指与城市交通系统功能实现相关的空间，包括交通线路空间、停车场、加油站、充电站及汽车技术变革带来的产业空间等。商贸功能空间是指城市商贸会展及其仓储物流配送等所使用的城市空间，包括商业综合体、商贸仓储物流等。城市生态功能空间是指主要担负城市生态维护功能区域以及生态基础设施配置所占用的城市空间，如自然保护区、生态林带以及为实现生态功能而配备的生态基础设施所占用的空间等。文化休闲功能空间是指与城市文化休闲娱乐相关的空间，如图书馆、博物馆、茶馆、咖啡馆等。产业功能空间是指城市产业发展所占用的空间，尤其侧重于技术引致的制造产业发展空间，但不包括部分服务产业空间。居住生活空间是指城市居民居住生活所占用的空间，包括居住小区、居民社区等。教育科研功能空间是指城市教育科研服务所占用的空间，如中小学校、幼儿园、大中专院校、科研机构等所占用的空间。城市服务功能空间是一个具有广泛意义的概念，可以从不同层面加以认知。从大类来看，可分为生产性服务和生活性服务，也可分为公共服务（包括政府服务）和私人服务等不同类型。从城市功能空间来观察，本书所指的服务功能是指前文所讨论的交通、文化休闲、教育科研等公共服务空间之外的其他公共服务功能。因此，其所涉及的城市服务功能空间类别还是比较复杂的，主要包括医疗卫生、政务服务、城市管理及咨询、法律、培训等公共服务设施布局的场所。

（二）城市功能空间的结构

城市空间结构主要指城市中各物质要素的空间位置关系及在其变化移动中显示出来的特点，是从空间角度来表述城市形态和城市内部相互作用的网络结构。城市形态就是研究不同规模层次的城市基础几何元素，其目的是定量化地描述这些基本元素和它们之间的关系。同时，城市内部各组成要素之间联系紧密，其中一个要素的变化可能会对其他要素乃至整个城市系统产生影响，城市内部的相互作用描述的就是城市系统内各要素之间的联系。城市功能空间结构是指在城市空间结构的基础上形成的城市内部的功能区域，以及不同功能区之间的相互关系。城市系统内部各种要素按照自己的特性在城市空间中有规律地分布、运动，这样就形成了城市功能的空间结构。① 通常模式包括：同心圆模式，城市形态集中紧凑，城市的功能区围绕城市中心呈同心圆状分布；扇形模式，城市各功能区呈扇状向外扩展；多核心模式，随着城市不断向外发展，在郊区出现了多个新的核心，形成多核心模式②，国内很多学者也称之为组团模式。

空间结构反映城市功能在城市内部不同地区的分布，合理的空间结构有助于充分释放城市功能潜力。出于社会经济活动的需要，每个城市都会形成诸如CBD（中央商务区）、居住区、工业生产区等不同的功能区。③ 然而，由于每个城市的自然条件、历史以及城市发展程度不尽相同，因此其功能分区的空间形态也各具特色。从功能中心的视角来看，城市各功能空间一般都有中心，它是对整个区域内某种功能起着协调和指导作用的所在地。如城市的政治功能中心往往是市政府所在地，乡镇的政治中心往往是镇区或镇政府所在地。功能中心是实现该功能作用的中心，使区域内部因这种功能活动而相互联系起来。

（三）城市功能空间的特征

城市功能空间主要有以下几个特征：

（1）整体性。城市功能空间是各种功能相互联系、相互作用而

---

① 李嘉、林涛：《城市信息化与城市功能空间的相关分析》，载《上海师范大学学报（自然科学版）》2006年第35卷第3期，第81—87页。
② 靳美娟、张志斌：《国内外城市空间结构研究综述》，载《热带地理》2006年第26卷第2期，第134—138页。
③ 陈柳钦：《基于产业视角的城市功能研究》，载《中国城市经济》2009年第1期，第44—49页。

形成的有机结合的整体空间，而不是各种功能的简单相加。各类城市功能空间作为城市整体功能的一部分，按照城市整体功能的目的发挥着各自的作用。而且各种城市功能空间的性质和作用是由它们在城市功能整体中的地位和规定性所决定的，它们的活动受整体和部分之间关系的制约。因此，必须着眼于城市全部功能的整体性和系统性来对待城市整体功能中的每一个功能要素。

（2）结构性。城市的整体功能是由其内在结构决定的，而指城市系统的经济、政治、社会、文化等各要素之间、各要素与系统整体之间互相联系、互相作用的方式体现了城市的内在结构。城市内部包含着多种要素，而且城市的每一个要素都表现出一种功能，城市里各个要素的有机结合才形成城市的整体结构，各个要素表现的功能的有机结合才形成城市的整体功能结构。

（3）层次性。城市功能空间具有明显的层次性，城市功能空间是由不同层次的子系统构成的大系统，其中城市功能空间的子系统相对于它的下一个层次的小系统而言又是母系统，从而形成不同等级的城市功能空间。不同层次的城市功能空间既有共同的运动规律，又有自己特殊的发展规律。

（4）开放性。城市的各种功能空间都是相对于一定的外围区域而言的。伴随着经济发展，一定区域内的物流、人流、资金流、信息流通过各种方式汇集于城市，经过城市的优化组合产生了能量聚集效应和放大效应，从而形成了城市的各种功能空间。而城市功能空间效能的发挥过程实质上是城市内部空间与外部空间发生物质、能量和信息交换的过程。因此，城市功能空间的形成和发挥作用的过程，是一个全方位开放的过程。

（四）国内外相关研究综述

1. 国外城市功能空间相关研究

城市功能空间是指城市相关资源在特定空间上的集聚组合并且能够发挥一种或者多种城市功能的地域空间，不同城市功能空间的相互关联和有机组织是城市发展的基础，也是城市发展的重要特征。从国外学者的研究内容来看，城市功能的形成机制、城市功能演变、城市功能空间布局、城市功能分区与复合及在信息技术影响下的城市功能空间重构研究是近半个世纪以来国外学者的研究侧重点。

（1）城市功能形成机制。在城市功能形成机制的理论方面，主要体现在城市功能的集聚与扩散效应。巴顿在《城市经济学》一书中分析了城市集聚效应与城市经济功能的关系，其主要观点为：本地市场的潜在规模是造成集聚经济的最初原因，大规模的本地市场能减少实际生产费用，促进较高程度的专业化，企业在地理上集中有利于熟练工人和企业家的良性集中。① 沃纳·赫希（Werner Z. Hirsch）认为，城市功能的产生是生产和需求两方面相互作用的结果，生产比需求的作用更为重要；城市满足内部需求是城市功能扩大的前提，由于乘数效应的作用，在比较利益存在的情况下，城市对外功能得以发展，地方性的为较大市场服务的工业、商业化交通运输业就会增长；为城市内部服务的零售、教育和文化服务等对内功能也在增长。赫希揭示了城市工业先导、对外功能和对内功能相互影响、互相依赖的形成机制。

（2）城市功能演变。城市功能随着生产力及科学技术的发展也在不断演化，每次重大科技革命的发展都使城市功能发展出现较为剧烈的变化（见表1-3）。② 城市功能的演变过程体现了社会与技术的不断进步，作为城市发展的重要特征，城市功能多元化表现在城市的综合服务功能、社会再生产功能、组织管理和协调经济社会发展功能，同时通过物资流、人才流、信息流、资金流不断提高集聚与辐射能力。1782—1845年，蒸汽机的发明与应用是这一阶段推动城市发展的主要技术创新，蒸汽机成为工业发展的新动力，大幅度提高了工业生产效率并使得生产功能成为这一时期城市的主要功能。1948年

---

① 张付刚：《我国省会城市功能差异研究》（学位论文），兰州大学2011年。
② 浩飞龙：《多中心视角下的长春市城市功能空间结构研究》（学位论文），东北师范大学2017年。

之后，电子信息技术革命成为新的技术创新潮流，进一步提高了工业生产效率，网络信息技术的兴起也使得世界各城市和地区之间的经贸往来更加便捷和频繁，使得城市功能呈现以总部、文化、创新为主的特征。① 在城市功能结构演变方面，20世纪50—70年代，西方国家城市功能以第二产业为主，出现了一大批工业城市，如美国底特律（汽车城）、德国鲁尔（钢铁城）、日本神户（造船基地）等。70年代后，以制造业为代表的第二产业在城市中地位下降并逐渐向边缘区域、郊区乃至次级城市扩散。第三产业的地位开始上升，以金融、咨询、保险、信息、总部等为主的生产性服务业逐渐向特大城市中心区集中。2000年以后，对城市功能从部门专门化向功能专门化转变的研究成为国际研究的重点，美国、德国等国家的学者认为空间交易成本的降低影响城市专门化特征，总部以及公司的集成转向功能专业化，即总部以及生产服务业集中在大城市，而企业工厂集中在小城市。②

（3）城市功能空间结构。城市功能空间布局也同样引起了国外学者广泛关注与研究。法国建筑师Tony Garnier从早期工业发展的需求出发，围绕工业发展所形成的功能区、城市组群等城市功能空间进行了深入探讨。为缓解城市功能空间过于集聚带来的众多问题，芬兰建筑师沙里宁于1918年提出了有机疏散理论，主张对城市居住空间和生产空间进行适当分离而不需要过于集中于城市中心区。③ 此外，苏联建筑师米留延（Nikolai A. Milutin）提出的"带形城市"、赖特提出的"广亩城市"（Broadacre City）等理论均对城市功能空间分散布局提出了对策建议。④ 1922年，新建筑运动倡导者柯布西埃在其《明

---

① 徐巨洲：《探索城市发展与经济长波的关系》，载《城市规划》1997年第5期，第4—9页。

② 曹大贵：《特大城市产业空间布局及其调整研究》（学位论文），南京师范大学2002年。

③ 朱孟珏、周春山：《国内外城市新区发展理论研究进展》，载《热带地理》2013年第33卷第3期，第363—372页。

④ Corcoran, P E. Reviewed Work(s): Urban Utopias in the Twentieth Century: Ebenezer Howard, Frank Lloyd Wright, Le Corbusier. In Robert Fishman, The Review of Politics, 1979 (3), pp.458—460.

第一章 相关概念认知与分析框架

表1-3 城市功能演变[①]

指标\发展阶段	1782—1845年	1845—1892年	1892—1948年	1948—2008年	2008年至今
技术创新	蒸汽机的发明和应用	以铁路为标志的交通运输革命，冶金技术进步	电力、化工发展和内燃机发明	电子技术的革命，全球网络化	高铁普及，高速信息网络、大数据、人工智能、物联网、智能制造等
产业结构	农业部门占主体，制造业比重上升，服务部门比重小	制造业比重上升，服务业部门增加，农业比重下降	制造业占主要地位，服务业比重加大，农业比重减少	第三产业为主体，第二产业低于30%，第一产业低于5%	以知识、创新、金融等为主的第三产业比重超过70%；第二产业比重不低于20%
城镇化水平	城镇化水平6%左右，人口向城市集中，城市围绕旧城扩大	城镇化水平13%左右，人口向大城市集中，大城市郊区化开始	城镇化水平25%左右，产业向郊区迁移，城市分散化开始	城镇化水平42%左右，城市中心区开始衰退，城市分散化普遍	城镇化水平超过60%，依托高速公路和铁路，城市形成网络化结构
城市功能	生产功能	生产及服务功能	生产、服务、集散和管理功能	文化、创新功能	创新、金融、文化、知识及信息汇集
世界经济增长重心	伦敦到利物浦城市群雏形	大巴黎地区、莱茵一鲁尔地区城市群	纽约至波士顿形成大片城市群	东京、名古屋至大阪城市群	东京湾区，中国长江经济带城市群

① 吴志强、李德华：《城市规划原理（第四版）》，中国建筑工业出版社2010年版。

日的城市》《阳光城》等广为流传的著作中分析了城市规模快速扩张带来的一系列问题。和其他学者主张分散城市功能不一样的是，柯布西埃更多的是主张以信息技术手段和新的城市规划建设思路来升级改造大型城市，如通过提高建筑物容积率来解决人口居住拥挤、城市绿化面积减少过快等问题。20世纪初期至50年代，马塔的带型城市[①]、霍华德的田园城市[②]等理论提出了非常具有创造性的城市空间功能发展新模式，这些模式在后续很多规划师的共同参与下进一步发展完善，并应用于越来越多大型城市的规划建设。如1918年基于沙里宁"有机疏散"理论的"大赫尔辛基"方案、1922年基于恩温（R. Unwin）卫星城市模式理论的大伦敦方案、1930年基于米留延城市功能带状结构模式的斯大林格勒方案等。

（4）网络信息技术对城市空间的影响。20世纪90年代以来，全球网络信息技术的快速发展对城市功能空间产生了重要和深远影响，使信息、网络、创新等概念被广泛纳入城市功能空间的研究理论框架中，涉及城市空间理论构建与完善、城市规划与建设等方面。其中，在城市功能空间理论研究方面的影响较为多样化，信息技术的广泛深入应用使地理消亡论、距离消亡论等有关空间消亡或者弱化的理论开始出现，网络信息虚拟空间的本质、形态及空间相互作用受到众多学者的广泛关注。[③] 同时，网络信息时代地理空间的构成要素、区位、空间结构等受到影响[④]，主要表现在四个方面：一是信息时代城市空间结构研究，城市空间特征及演变，城市体系格局以及数字城市、信息城市、智慧城市等新型城市形态研究；二是区域经济发展的组织、区域空间重构与发展模式、信息时代的区域空间变化等区域空间的研究；三是网络信息时代的文化空间响应与表达；四是网络信息技术发

---

① 祁巍锋：《紧凑城市的综合测度与调控研究》，浙江大学出版社2010年版。
② Ward, S. The Garden City: Past, present, and future. London: E & FN Spon, 1992.
③ Thrift, N, K. Olds. Refiguring the economics in Economic Geography. In Progress in Human Geography, 1996, 20 (3), pp. 311—317.
④ 周其楼、张捷：《物联网时代信息地理研究的思考》，载《地理研究》2013年第32卷第8期，第1508—1516页。

展与应用对地方产业集群和全球生产网络的影响、对具体产业的空间影响及响应，企业信息技术的应用和产业链空间组织变化等产业功能空间。此外，信息技术对城市居民居住、工作、出行、休闲娱乐、购物等日常行为活动的影响及个人联系网络演变等也引起了国外学者较多的关注。[1]

2. 国内城市功能空间相关研究

与国外研究相比，我国城市现代化进程总体较为滞后，导致国内政府及学者层面对城市功能空间的研究起步较晚。在中华人民共和国成立后以计划经济为主导的时期，我国城市功能空间的规划建设重点围绕生产功能，尤其侧重于工业领域的规划建设，总体上对城市功能空间的综合研究较为欠缺。[2] 改革开放以后，随着经济体制改革，城市逐渐步入快速发展阶段，城市功能空间结构发生巨大变化，得到国内学者的广泛关注和研究。[3] 从总体上看，国内研究人员关于城市功能空间的研究可以分为以下三个阶段：

（1）20世纪80—90年代中期，这一阶段侧重于国外理论方法的引入。改革开放以后，随着城市经济的快速发展，城市地理研究进入重建期，这一时期国内的研究以介绍西方城市空间结构研究的相关理论为主，实证研究较少。围绕城市物质空间、经济空间和社会空间，国内学者引入了相关的城市空间布局理论、中心地理论、城市土地利用模式以及城市社会空间结构模式等理论。

（2）20世纪90年代中期至21世纪初，这一时期是国内实证研究的积累期。改革开放建立的各项人口、土地、住房登记制度为城市空间结构研究提供了素材，运用西方城市空间结构的基本理论框架对中国城市空间结构进行的实证研究逐渐增多。从研究内容来看，主要

---

[1] 甄峰、魏宗财、杨山等：《信息技术对城市居民出行特征的影响——以南京为例》，载《地理研究》2009年第28卷第5期，第1307—1317页。
[2] 周春山、叶昌东：《中国城市空间结构研究评述》，载《地理科学进展》2013年第32卷第7期，第1030—1038页。
[3] 冯健、周一星：《中国城市内部空间结构研究进展与展望》，载《地理科学进展》2003年第3期。

的研究成果集中在城市内部人口分布变动及郊区化，城市贫困、住房等城市社会空间，商业和高新技术产业等产业空间以及城市空间结构形成机制等方面。

（3）21世纪初至今。进入21世纪以后，我国有关城市功能空间的研究进入模式总结及新城市空间现象研究的多元化时期。城市内部功能的研究热点不断出现，研究数量不断增多。从总体来看，主要集中在对城市空间结构模式的总结，城市空间极化、郊区化与多中心化，城市功能空间布局，功能空间相互关系及城市实体空间重构等方面。

第三节 分析框架

总体上,新科技革命对城市功能空间的影响是巨大的。就广州而言,其引致的影响既深远、深刻,又存在诸多不确定性。因此,本书着重研究新科技革命与广州城市功能空间之间的相互关系,揭示广州城市功能空间的布局趋向。主要的分析框架包括以下两条基本分析路径(如图1-3所示)。

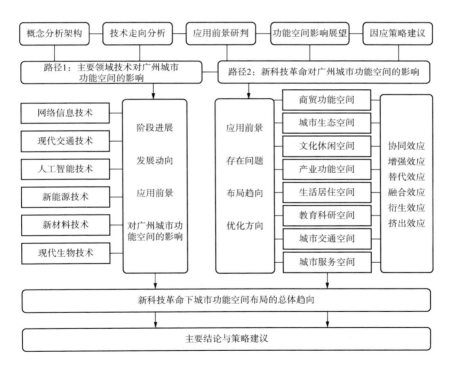

图1-3 新科技革命对广州城市功能空间布局影响分析路径

(1)选择本轮新科技革命的主要技术领域,包括新一代网络信息技术、新能源技术、现代交通技术、人工智能、新材料技术及现代生物技术等（其中，能源、信息、生物、新材料可以说是现代文明社会的四大支柱），分析概括各技术领域的阶段进展、发展动向，依据广州应用状况展望其应用前景，并研究展望这些技术领域对城市功能空间的可能影响。

（2）研究提出新科技革命对城市功能空间影响的分析框架，并以此分析城市交通功能空间、商贸功能空间、生态功能空间、文化休闲功能空间、生活居住功能空间、教育科研功能空间、服务功能空间等主要城市功能空间的技术应用前景、存在问题、布局趋向及优化方向，进而总结出新科技革命背景下城市功能空间布局的趋向。最后，综合两条分析路径得出的结论，提出广州为因应新科技革命而采取的城市功能空间发展策略。

第二章　新科技革命对城市功能空间的影响：一般性分析

本章重点论述新科技革命对城市功能空间的作用机制，尝试提出协同效应、增强效应、替代效应、衍生效应、融合效应、挤出效应六种作用机制。在新科技革命下，各技术领域发生深度变革，新科技、新产品、新业态、新事物不断涌现。从总体上看，新技术通过六种作用机制逐渐改变了城市的物质基础，也形成了城市功能空间的新旧更替，呈现新的发展和变化趋势。

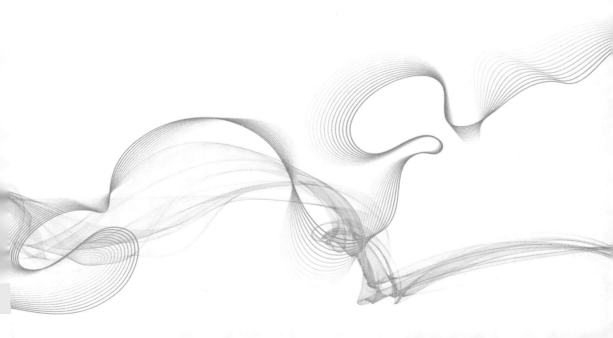

第二章 新科技革命对城市功能空间的影响：一般性分析

第一节 总体效应

新科技革命是城市功能空间转型的基本动力。新科技革命的成果既是城市空间填充物的重要组成，也是城市功能联系的基本支撑。新科技革命对城市功能空间进行存量、增量及其相互关系的结构调整，包括推动城市功能空间扩张、增加功能空间容量、压缩功能空间的时空距离、促进城市空间功能重组、创造和衍生出新的实体空间、产生无限而全新的虚拟空间等，进而改变城市功能空间之间的相互关系，促进城市功能空间的协同配合、融合重组，以新的功能空间替代旧的功能空间，使城市功能空间效率得到提升。当然，新科技革命对城市功能空间也会产生副作用。因此，总括起来，科技革命对城市功能空间的影响可以归结为六种效应：协同效应、增强效应、替代效应、融合效应、衍生效应及挤出效应（如图2-1所示）。

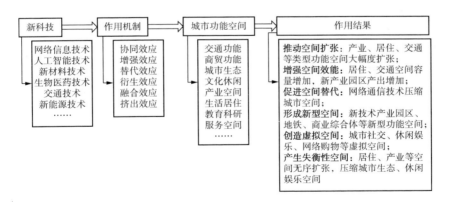

图2-1 新科技对城市功能空间的作用机制

一、协同效应

协同效应①是指新科技的发展和应用使两项或多项城市功能空间实现功能上的互补、协作,促进城市功能空间整体效率的提升。如政府借助网络信息技术,促进城市电子政务、工商企业、社会服务等领域全面信息化②,可以实现交通枢纽之间的协同运作、政务服务的信息共享及网上办事、公共服务场馆的拥挤与空余调剂等,提升城市空间的运营水平。协同效应是城市提高功能空间效率的重要方式。

二、增强效应

增强效应指在新科技助力下,某一城市功能空间作用得到强化的过程。其形式上可以增加城市空间容量,提升单位空间的产出效率,节约有限的城市空间,从而对某些城市功能空间形成强化作用。例如,借助新科技可以建设楼层更多的高楼,大幅度提高城市居住容积率,这在城市居住功能和商业功能方面表现尤为明显;电子商务的发展使在同样的空间内可以进驻更多企业;地铁、城轨等新兴交通工具的出现,可以在更小的交通空间中实现更高效的城市交通功能;新科技的进步可以使工厂、农田单位空间的产出得到大幅提升,有效增强城市生产功能。

---

① 协同效应(Synergy Effects)来源于物理学,最初由德国物理学家赫尔曼·哈肯提出。简单地说,就是"1+1>2"的效应。协同效应可分外部和内部两种情况,以企业为例,外部协同是指一个集群中的企业由于相互协作共享业务行为和特定资源,因而将此作为一个单独运作的企业取得更高的赢利能力;内部协同则指企业生产、营销、管理的不同环节、不同阶段、不同方面共同利用同一资源而产生的整体效应。

② 杨莉:《政务信息化与政府职能的转变》,载《科技管理研究》2008年第4期,第216—218页。

三、替代效应

替代效应是指由于新科技的出现应用，某项城市功能空间被新的城市功能空间替代的过程。新科技可以克服原本存在于人际交流、生产实践过程中的部分时间及空间障碍，大幅度减少对某些传统城市功能空间的依赖，促使低效率城市功能空间被更高效率的取代。在新一代信息网络技术领域，如利用通信技术可以取代或减少人在城市中的通勤，可有效降低城市交通空间的拥挤度；借助各类传感器可以远距离对城市运行状态进行调查和监控，借助网络通信技术可以实现在家办公、网络购物、用网络视频进行会议及研讨；快捷的通信方式使各类企业无须设在地价昂贵的城市中心商务区，企业选址更加自由。新能源科技革命的到来，会导致现有城市能源空间发生重大变化，大量加油站将会逐步消失，有可能被大量以无线充电为主的停车场取代；ETC（不停车电子收费系统）的普及将使大量收费站消失。

四、衍生效应

衍生效应是指新科技的广泛应用催生出大量新的产业形态，并使城市居民生活方式发生改变，对原有的城市功能空间提出了新的要求，从而衍生出新的城市功能空间类型，其中包括借助信息技术衍生出的无限虚拟城市空间。如新科技催生了云计算、3D 打印、电商等大量新兴产业，与之相应的产业园园区大量出现，从而衍生出大量新型的城市产业生产空间；电子商务的快速发展使原有的城市交通功能难以承受日益繁忙的城市配送，导致出现物流仓库、物流配送站等新的城市交通空间需求；飞机、地铁、高铁、自动驾驶等新型交通工具的出现，使机场、铁路站点等新型城市交通空间大量衍生出来，而且交通站点周围的城市空间也被快速开发，从而形成一种具有商业、交通、办公等复合功能的城市空间。

五、融合效应

融合效应是指借助新科技将在产业链、业务链、能量链上有紧密关联的城市功能空间进行融合，形成全新的、更具效率的综合性城市功能空间。如城市政务中心就是新科技融合效应的一种体现，借助网络信息技术将原来分布在不同职能部门之间的业务进行整合，在一栋大楼中办理原来在不同职能部门的综合业务，不但方便居民办事，也有效地节约了政务功能空间。商业综合体的出现同样是这种效应的重要体现，使得有限空间融合更多商业功能。

六、挤出效应

新科技的广泛应用加速了城市功能空间的开发和重组速度，导致大量经济效益偏低，但对城市发展具有重要意义的生态、休闲、文化等功能空间被大量经济效益较高的居住、产业园区等功能空间侵占，从而使城市环境出现恶化趋势，不利于城市整体协调发展，对城市功能空间形成挤出效应。如新科技的应用，城市交通功能空间大幅度增加，地铁、高铁、港口、机场、物流仓库、城市配送站点等新型城市交通空间大量出现，这种变化导致农田、林地、耕地及城市绿化地大量减少，不利于城市生态空间的维护，对城市功能空间的协调发展形成挤出效应，这需要在城市规划中加以重视，防止这种挤出效应无序扩散和加剧。

第二章 新科技革命对城市功能空间的影响：一般性分析

第二节 总体趋向

城市是一定技术条件下的物质构建，技术条件不同，城市空间填充就会发生变化。在新科技革命的影响下，各技术领域发生深度变革，新科技、新产品、新业态、新事物不断涌现，逐渐改变了城市的物质基础，也形成了城市功能空间的新旧更替。从技术层面看，城市是科学技术构建下合成的巨型"机器"系统。尤其在层出不穷的通信信息技术创新突破的情况下，引致不相邻空间通过节点和枢纽形成的网络组织发生物质和非物质的流动，形成了"流动空间"，进而出现城市功能空间的增减变化和结构重组。从未来主导性的技术变革看，未来广州城市功能空间将有可能出现以下显著的变化趋向。

一、城市功能空间复合化

随着新科技革命的深度演进，信息化和网络化趋势愈发明显，使原来不能聚集在一起进行空间共享的城市功能能够集聚在一起，形成多种城市功能在特定城市空间下的复合叠加状态。虽然在信息化条件下同类产业集聚的需求明显降低，但处于产业链上下游的企业，由于其协作需求而使空间上的临近与以往一样迫切，其聚集的复合化也十分明显。城市综合体作为城市发展的重要形式，也是城市功能复合化的一个重要表现，它把商业、办公、居住、酒店、展览、会议、文娱和交通等功能组合在一个临近的地理空间内，成为多功能、高效率的城市实体。城市功能空间的复合化还表现在同一空间范畴的分时分区共享，如现代城市公共图书馆正由单纯的阅读求知功能逐渐演化为求知、休闲与交流的复合功能场所；未来加油站将既有加油功能，也有充电功能。总之，城市功能复合化是现代科学技术为城市功能的组合提供了更多样的技术支撑，实现了城市功能的渗透、内融和活化，提高了城市功能的效率和配套水平。

二、城市功能空间绿色化

城市经济社会发展带来巨大的物质消耗，衍生诸多能源和环境问题，绿色环保发展成为城市发展的不二选择。在这种选择中，技术因素起着非常重要的作用。未来城市发展将以创意思维和技术创新为核心要素，相应地将可能降低对物质资源要素的依赖程度，特别是增材技术的发展，改变了对物质资源的利用方式，降低了生产过程对物质资源的消耗；柔性生产体系和可重构制造系统提高了生产系统的适应性，降低了生产系统的消耗；大量高新科技的应用，为城市生态环境保护、改善及整治提供了更加有效的手段，环境污染、废物排放问题将得到缓解。在城市能源供给上，生物技术能源、太阳能等清洁可持续能源的利用和分布式能源系统的形成，使城市功能供给方式将可能发生革命性的变化。在生物技术的支持下，城市绿色植被的种植和维护将更加方便和快捷，一个更加贴近自然的"绿色城市"将应运而生。另外，在城市建设上，装配式建筑技术的出现为未来城市发展提供了新的建设方式。据了解，上海市已经着手进行装配式建筑的各项准备，广州也可以在这方面进行大胆的尝试。总之，科技革命为城市功能空间的绿色化发展提供了现实的技术支撑。

三、城市功能空间智能化

在信息网络技术、人工智能技术和现代生物技术的直接推动下，形成了一种"万物智能"和"网罗天下"的虚拟现实格局。在增强现实感知技术、虚拟现实技术、3D打印技术，以及物联网与智能家居、汽车电子和无人驾驶车、机器人和无人机、可穿戴设备和智能手机等技术及设备的逐步广泛应用下，利用各种传感技术和设备，可以全面感知城市生产、生活和环境诸要素，并进行数字化处理；并通过泛在网络，及时、可靠、全面地实现城市功能之间的信息传递和共享。宽带城域网、移动互联网、网上交易平台、电子商务、智能化建筑、智能家居、智能化社区等将不断升级城市功能空间的智能化水平。

四、城市功能空间柔性化

城市功能空间的柔性化是指在城市功能空间的布局安排上具有更强的灵活性、可分割性和可变性特点。这源于科技革命的高度模块化技术植入，个性化、小型化的智能芯片具有较强的通用性、可置换性。这在产业功能空间上表现得最为突出，大规模的生产工厂已难以适应现代企业个性化定制、低库存、模块化组织的需要，企业空间载体提供必要的公用性设施，便于分割和重组；特别是可重构制造系统，将使产业功能空间更加柔性化。在大数据背景下，城市空间的揭示功能增强，空间需求与空间供给的匹配将更加精准。因此，在城市功能空间的布局安排上，就应借助和利用其柔性化的特性，注重不同类型企业的协作关系和不同产业链条的上下游联系，提升城市对诸种资源的汇聚、整合、传导的综合能力。

五、城市功能空间外延化

在实体空间方面，随着现代信息技术的发展，信息网络将使城市居民的工作、教育、生活、购物、就医、娱乐等打破时空限制，人们对办公室、学校、购物中心、医院、交通工具等的依赖性大大减弱，部分工业生产对资源、对高度集中的生产规模的依赖性亦降低，削弱了集聚的动力。随着交通速度的持续提升，在经济可承受范围内，居住生活与工作地的通勤距离可能加大，城市功能空间的外延进一步扩大。这就大大地拓宽了城市的活动空间，使城市得以延伸其各种功能的地域分布。在虚拟空间方面，在信息网络技术发展普及的背景下，任何一个个体的城市功能空间都有可能借助网络及数据的开放包容，空间的可视化、仿真和模拟化，实现实体空间与虚拟空间的一体化，实现城市功能空间的外延性。只要访问开放的数据门户网站，运用开放式的信息服务平台，不同城市功能空间之间可以共同挖掘数据的潜在价值，实现数据共享和城市功能共享。即使是不同区域和城市之间乃至全球任一地域的城市功能，也可以实现信息网络平台上的数据共享和功能协同，形成一种更加多元共享和智能化生长的公共空间。因此，在城市功能空间的开放管理上，只要遵循某种规则或契约，即可实现城市功能空间的外延。

六、城市功能空间新图景化

新科技革命将不断地在微观、中观和宏观尺度上更新城市功能空间的图景，并颠覆已有的城市功能布局模式。从城市流动性来看，"互联网+"的广泛渗透，使不相邻空间的物质和非物质流动更加频繁，这种活跃的"流动空间"改变了城市功能布局的整体状态。信息、知识以及基于人力资本形成的创新要素的多寡和流动速度决定着城市的发展水平，网络体系、数字化平台以及共享设施等载体的建设，催生和支撑着城市功能空间的新图景。新智能技术、新生物技术、新能源技术及新交通技术等将综合地改变生产、政务、商务、生活、健康、社交、文化、教育等功能的布局模式，形成新的布局图景，如居家与办公空间合二为一、汽车成为"第三空间"、成为多种服务和第三方应用的平台或入口。共享式关联和布局成为一种新的时尚，滴滴打车、优步、集体办公空间（WeWork）、办公社区等将创造新城市功能组合方式。城市空间将由平面、单维的向度转变为立体、多元的延展维度，距离范畴与速度概念、单体空间与群体空间、线状空间与块状空间将出现"新常态"，城市功能空间的重组将重塑新的城市空间意象。

第三章　网络信息技术对广州城市功能空间的影响展望

本章分析网络信息技术对城市功能空间的作用机制及前景，回顾了网络信息技术的发展进程、发展动向、应用状况与应用前景，结合广州的实际情况分析网络信息技术对城市功能空间的影响。从总体上看，尽管网络信息技术仍然处于不断发展变化中，但其对广州城市功能空间的影响和作用具有广泛的渗透性，其作用方向大体如下：推动广州城市空间的扩张和重组、压缩空间距离、提高空间整体效率、创造虚拟城市空间、促进实体空间与虚拟空间的融合，从而实现城市功能空间的重新组合和扩张。

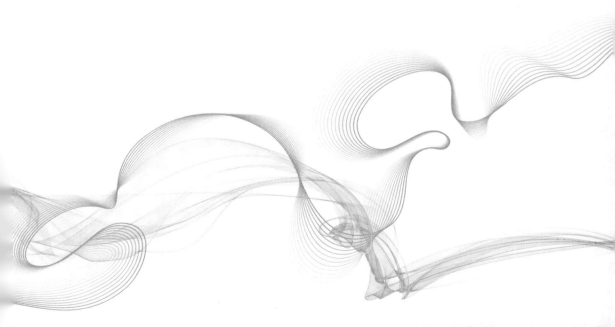

第一节　阶段进展

网络信息技术指主要用于管理、处理和传输信息所采用的各种技术的总称，主要包括传感技术、计算机技术和通信技术。网络信息技术是当今世界研发投入最集中、创新最活跃、应用最广泛、辐射带动作用最大的技术创新领域，是全球技术创新的竞争高地，因此，网络信息技术革命也是新一轮科技革命的关键领域，对现代城市功能空间产生了深刻影响。网络信息技术发展已经超过了70多年历史（见表3-1），直到目前大致经历了六个代际技术变化，每一个代际技术变化都显著提升计算机性能、网络计算和传输速度，不断扩展应用领域，深刻影响和推动了社会信息化进程，已成为推动现代城市功能空间演化的最关键因素之一。

表3-1　网络信息技术的发展阶段

代际	年代	技术特点
第一代：电子管计算机及网络技术形成阶段	1946—1957年	计算机采用电子管元件作为基本器件，用光屏管或汞延时电路做存储器，输入与输出主要采用穿孔卡片或纸带，体积大、耗电量大、速度慢、存储容量小、可靠性差、维护困难且价格昂贵。在软件上，通常使用机器语言或者汇编语言，可移植性差，因此，这一时代的计算机主要用于科学计算。数据通信技术逐步成熟，为计算机网络的形成奠定了技术基础，而分组交换概念的提出为计算机网络的研究奠定了理论基础

（续表3-1）

代际	年代	技术特点
第二代：晶体管计算机及网络形成阶段	1958—1964年	由晶体管代替电子管作为计算机的基础器件，用磁芯或磁鼓做存储器，在整体性能上比第一代计算机有明显提高。同时Fortran、Cobol等高级程序语言相应出现，计算机开始在数据处理、过程控制方面得到应用。在这个阶段，计算机网络初步形成，ARPANET的成功运行证明了分组交换理论的正确性；TCP/IP协议的广泛应用为更大规模的网络互联奠定了坚实的基础；E-mail、FTP、TELNET、BBS等应用展现出网络技术广阔的应用前景
第三代：中小规模集成电路计算机及局域网成熟阶段	1965—1971年	集成电路问世并应用于计算机领域，中小规模集成电路成为计算机的主要部件，主存储器也渐渐过渡到半导体存储器，使计算机的体积更小，进一步提高了计算机的可靠性。在软件方面，标准化程序设计语言的应用使计算机应用领域也进一步扩大。这个阶段的局域网络进入成熟阶段，ARPANET网络更加成熟，但国际性的大型网络还未成熟，计算机网络的商业应用还比较少
第四代：大规模集成电路计算机及Internet形成阶段	1972—1999年	大规模集成电路成功制作并用于计算机，使计算机体积进一步缩小，性能进一步提高。个人计算机开始出现并逐步普及，到20世纪90年代几乎所有领域都有计算机应用，计算机的广泛应用催生了大量数据，促使数据库技术逐步成熟。在这个阶段，国际上各种广域网、局域网与公用分组交换网技术发展迅速，TCP/IP协议成为Internet的业界标准，Internet逐步应用到各商业领域，无线网络开始出现

(续表 3-1)

代际	年代	技术特点
第五代：超大规模集成电路计算机及高速多元化网络阶段	2000—2015 年	超大规模集成电路在计算机领域的应用使计算机、手机等设备的体积进一步缩小，性能进一步提高，多核多线程 CPU 开始大量出现并应用到商业和个人计算机，大规模数据的处理技术得到快速发展，大范围协作的云计量开始得到应用。Internet 大规模接入推动了接入技术的发展，促进了计算机网络、电信通行网与有限电视网的"三网融合"，而 Wi-Fi、3G、4G 等无线网络逐渐成熟并应用到各个领域，手机、平板电脑等移动智能终端逐步取代微型计算机，越来越多设备具备网络连接功能，物联网开始逐渐普及而且规模快速增长
第六代：人工智能及超高速网络时代	2016 年—未来	计算机硬件将迎来全新突破，量子计算机、生物计算机等新型计算机将会不断涌现，在人工智能时代，计算机、网络、通信技术会"三位一体化"，人工智能将把人从重复、枯燥的信息处理中解脱出来，从而改变工作、生活和学习方式，给人类和社会拓展更大的生存和发展空间。网络通信技术将进一步朝高速化、智能化方向发展，5G 等高速传输移动通信网络逐渐应用到各个领域，覆盖整个城市乃至全球的智慧物联网将最终形成

未来网络信息技术中的大数据、云计算、物联网、5G 网络等技术尤为值得关注，将对城市功能空间产生深远影响。

一、大数据

大数据（Big Data）指无法在一定时间范围内用常规软件工具进行捕捉、管理和处理的数据集合，是需要新处理模式才能具有更强的决策力、洞察发现力和流程优化能力的海量、高增长率和多样化的信息资产①。随着信息化、网络化、智能化及物联化的深入发展,各领域每时每刻都在产生大量数据,有别于传统的数据,大数据具有"5V"(Volume、Velocity、Variety、Value、Veracity)特点②,即数据量大、数据生成及处理速度快、数据类型多样、价值密度较低、数据准确和可信赖。近年来,大数据已经引起了国内外学者的广泛关注和研究,维克托·迈尔-舍恩伯格和肯尼思·库克耶在合著的《"大数据"时代:生活、工作与思维方式的大变革》中指出,大数据正在深刻改变经济生活的各领域③,这本论著掀起了国内外大数据研究热潮并使大数据成为许多学科的热点与主流④。

从总体上看,大数据未来将呈现以下八个方面的发展趋势⑤(如图3-1所示):

(1)数据资源化趋势越来越明显。大数据成为企业和社会关注的重要战略资源,数据资源已逐渐成为企业、国家争相抢夺的新焦点。

(2)与云计算的深度结合。大数据处理和计算需要云计算技术的支持,从2013年开始,大数据技术已开始和云计算技术紧密结合,预计未来两者关系将更密切。

(3)促使科学理论实现新突破。随着大数据的快速发展,现有技术难以适用快速增长的大数据,需要新一轮技术革命,而随之兴起的数据挖掘、机器学习和人工智能等相关技术极有可能改变数据科学领域的算法和基础理论,从而实现科学技术上的新突破。

(4)数据科学和数据联盟的成立。随着大数据应用和理论创新

---

① 《大数据》,见百度百科(https://baike.baidu.com/item/大数据/1356941#reference-[1]-13647476-wrap)。
② 黄欣荣:《大数据的语义、特征与本质》,载《长沙理工大学学报(社会科学版)》2015年第30卷第6期,第5—11页。
③ Viktor, Mayer-Schonberger, K. Cukier. Big Data: A revolution that will transform how we live, work and think. Boston: Houghton Mifflin Harcourt, 2013.
④ 柴彦威、龙瀛、申悦:《大数据在中国智慧城市规划中的应用探索》,载《国际城市规划》2014年第29卷第6期,第9—11页。
⑤ 《大数据世界,大数据未来将呈现的八大发展趋势》,见中国大数据(http://www.thebigdata.cn/YeJieDongTai/15605.html)。

的深入发展，数据科学将成为一门专门的学科并得到广泛认知和认可。

（5）数据泄露泛滥。随着数据资源在经济发展中的作用越来越重要，未来几年数据泄露事件的增长率也许会达到100%，除非数据在其源头就能够得到安全保障。可以说，在未来，每个财富500强企业都会面临数据攻击，无论他们是否已经做好安全防范。而所有企业，无论规模大小，都需要重新审视今天的安全定义。在财富500强企业中，超过50%将会设置首席信息安全官这一职位。企业需要从新的角度来确保自身以及客户数据，所有数据在创建之初便需要获得安全保障，并非在数据保存的最后一个环节，仅仅加强后者的安全措施已被证明于事无补。

（6）数据管理成为核心竞争力。数据资产逐渐成为企业核心资产，企业对数据管理便有了更清晰的定位，将数据管理作为企业核心竞争力，战略性规划与运用数据资产，成为企业数据管理的核心。数据资产管理效率与主营业务收入增长率、销售收入增长率显著正相关。

（7）数据质量是BI（商业智能）成功的关键。采用自助式商业智能工具进行大数据处理的企业将会获得新竞争力，但要面临很多数据源带来大量低质量数据的困境，因此，企业需要理解原始数据与数据分析之间的差距，从而消除低质量数据并通过BI获得更佳决策。

（8）数据生态系统复合化程度加强。大数据的世界不只是一个单一的、巨大的计算机网络，而是一个由大量活动构件与多元参与者元素，如终端设备提供商、基础设施提供商、网络服务提供商、网络接入服务提供商、数据服务使能者、数据服务提供商、触点服务、数据服务零售商等共同构建的生态系统。

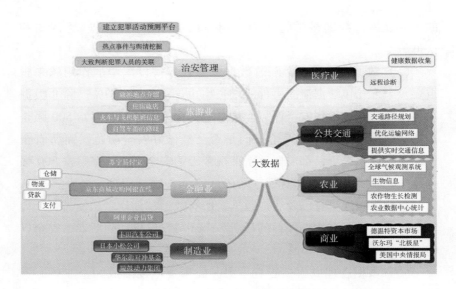

图3-1 大数据应用①

二、云计算

云计算（Cloud Computing）是基于互联网的相关服务的增加、使用和交互模式，通常涉及通过互联网来提供动态、易扩展且经常是虚拟化的资源。云是网络、互联网的一种比喻说法，云计算通过计算和存储能力的整合使性能大幅度提升甚至可以让普通用户体验每秒10万亿次的运算能力，拥有这么强大的计算能力可以模拟核爆炸、预测气候变化和市场发展趋势。云计算的共享特点使普通用户通过台式电脑、笔记本电脑、手机等方式接入数据中心，按自己的需求进行运算②。云计算是分布式计算、并行计算、效用计算、网络存储、虚拟化、负载均衡、热备份冗余等传统计算机和网络技术发展融合的产

---

① 《大数据应用》，见新浪博客（http://blog.sina.com.cn/s/blog_3ed421330102wkat.html）。

② 《云计算》，见百度百科（https://baike.baidu.com/item/云计算/9969353？fr=aladdin#reference-［1］-1316082-wrap）。

物。总体上看，云计算具有如下八个特点：

（1）超大规模。具有一定规模的网络计算资源和能力才能称为云计算，如 Google 云计算已经拥有 100 多万台服务器，Amazon、IBM、微软、Yahoo 等企业的云计算平台均拥有几十万台服务器。

（2）虚拟化。云计算通过网络支持用户在任意位置、使用各种终端获取应用服务，用户无须了解，也不用担心应用运行的具体位置，只需要一台笔记本电脑、手机等可连接网络的终端就可以通过网络服务来获取各种计算和存储服务。

（3）高可靠性。云平台使用了数据多副本容错、计算节点同构可互换等措施来保障服务的高可靠性，使用云计算比使用本地计算机可靠。

（4）通用性。云计算不针对特定的应用，在云计算平台支持下可以构造出数以万计的应用。

（5）高可扩展性。云计算的规模可以动态伸缩，满足应用和用户规模增长的需要。

（6）按需服务。云计算是一个庞大的计算和存储资源库，用户可以像购买普通商品那样按需付费。

（7）成本廉价。由于云计算的特殊容错措施，可以采用极其廉价的节点来构成云，云计算自动化集中式管理使大量企业无须负担日益高昂的数据中心管理成本，因此，用户可以充分享受云计算的低成本优势。

（8）潜在的危险性。存储服务是云计算的两大核心服务之一，但是云计算服务当前垄断在私人机构（企业）手中，因此存在诸多潜在风险。政府机构、商业机构对选择云计算服务应保持足够的警惕。一旦商业用户大规模使用私人机构提供的云计算服务，无论其技术优势有多强，都不可避免地让这些私人机构凭借数据信息的重要性挟制整个社会。另外，云计算平台的数据对于数据所有者以外的其他云计算用户是保密的，但是对于提供云计算的商业机构而言，确实毫无秘密可言，存在信息泄露的潜在风险。

依托弹性扩展、费用低、速度快的优势，云计算颠覆了传统 IT

架构，未来将成为主流的 IT 架构。经过十几年的发展，云计算已经形成了较为完善的生态系统，构建了从芯片到终端用户的全产业链链条（如图3-2所示），主要包括以下八个领域：

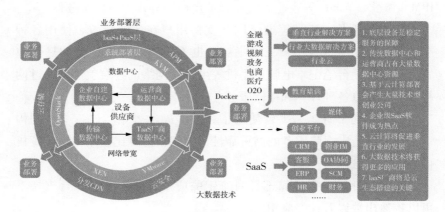

图 3-2　云计算产业链①

（1）IaaS（Infrastructure-as-a-Service）：基础设施即服务。IaaS 提供商提供的服务是对所有计算基础设施的利用，包括处理 CPU、内存、存储、网络和其他基本的计算资源，用户能够部署和运行任意软件，包括操作系统和应用程序。例如，硬件服务器租用。国内的 IaaS 提供商有阿里云、腾讯云、华为、中国联通、中国移动、中国电信、金山、百度、世纪互联、华云数据等；国外的有谷歌、微软、Rackspace。

（2）PaaS（Platform-as-a-Service）：平台即服务。PaaS 提供商提供软件研发的平台，客户可以在这个平台上进行软件的开发、测试、在线部署等工作。就好比只有提供了画板、画布等载体，画家才能在上面作画，PaaS 提供商就相当于提供画布、画板等载体服务。PaaS 的出现加快了 SaaS 应用的开发速度。国内的 PaaS 提供商以盛大云、新浪云为代表。国外来看，谷歌的 Google App Engine、亚马逊的 Am-

---

① 《2015 中国云计算产业生态图谱》，见 Useit 知识库（https://www.useit.com.cn/forum.php?mod=viewthread&tid=10732）。

azon Beanstalk、Salesforce 的 force.com 平台，以及微软的 PaaS 云平台是 PaaS 的代表产品。

（3）SaaS（Software-as-a-Service）：软件即服务。SaaS 提供商通过互联网提供软件服务，向用户收取月服务费。用户通过互联网来使用软件，不需要一次性购买软件、硬件，也不需要维护和升级。SaaS 软件有几个特点：一是即需即用，用户注册后可以立即开始使用；二是所有客户的程序和数据统一管理；三是程序和数据库采用多重租赁架构（Multi-tenant），从而提高稳定性和可扩展性，并降低维护成本。国内的代表厂商是北森、销售易、纷享销客、Blueware OneAPM 等。国外知名的 SaaS 厂商主要有 Salesforce、NS、ZOHO、谷歌、微软、亚马逊、Dropbox、BOX 等。

（4）云计算系统集成商：帮助用户搭建云计算的软硬件平台，尤其是企业私有云。代表厂商包括 IBM、HP、亚马逊、Google、AT&T、Verizon 等。这部分公司普遍具有强大的研发能力和足够的技术团队，以及灵活可复制性的产品。国内公司包括华胜天成、浪潮软件、东软集团、神码等。行业解决方案提供商，帮助企业或个人制定一系列云计算从上至下、从内到外涉及基础设施建设、营销策略、组织、人力资源、财务、营销等管理及技术相关的解决方法、实施方案。国内排名靠前的厂商有阿里云、华为、浪潮、东软集团、腾讯云、中科曙光、百度、中兴等。国外的以 IBM、亚马逊、微软、Salesforce 为代表。

（5）云终端设备提供商：云终端是一台不需要 CPU、硬盘和 CD-ROM 的 Windows 多用户网络终端设备，无须升级，无须主机，一按即用。云终端在国外普及了，国内的云计算产业正处于发展期，目前国内几大厂家有升腾、华为、中兴、时迅。

（6）云计算规划咨询服务商：帮助用户梳理、分析云计算给业务发展带来的促进作用和价值，进而帮助企业进行未来云计算服务蓝图规划和云计算蓝图实施演进路线设计等。国内厂商以神州云计算为代表，国外以 IBM 为代表。

（7）云计算实施外包服务商：随着企业、政府对云计算的投入加大,基于云模式的外包服务日趋成为主流。外包服务商提供共享设备、应用软件、云端服务、云计算服务平台等外包服务。国内的代表厂商有阿里云、腾讯云、西部数码、天翼云、Ucloud、青云、华为云、盛大云等。

(8)云计算运维服务商:运维服务商提供的服务主要有环境搭建、安全防护、攻击防护、数据备份、日常维护、应急响应等。世纪互联蓝云、BitTitan、GigaTrust、Humanify 是国内比较知名的公司。政府主管机构等产业规划制定和运行监督者,主要是制定各项政策、法规以促进、引导云计算产业健康快速发展,如中央网信办。政府是云计算的监管机构,同时也是云计算的使用客户,例如,公检法系统、医院、教育机构、安全部门等都需要建立自己的云平台。终端用户分为个人、企业、政府,个人用户主要使用云存储,企业和政府用户则需要全方位的云服务。

三、物联网

物联网(Internet of Things,简称 IOT)是互联网、传统电信网等信息承载体,让所有能行使独立功能而且具备上网功能的物体实现互联互通的网络(如图 3-3 所示)。物联网一般为无线网,而由于每个人周围的设备可以达到 1000～5000 个,因此,物联网可能要包含 500～1000 兆个物体[①]。

---

① 《物联网》,见百度百科(https://baike.baidu.com/item/物联网/7306589?fr=aladdin)。

第三章　网络信息技术对广州城市功能空间的影响展望

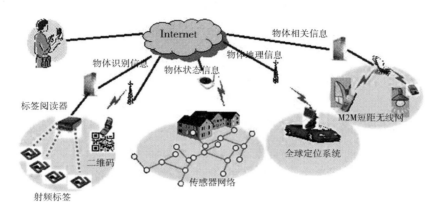

图 3-3　物联网结构①

通过物联网可以用中心计算机对机器、设备、人员进行集中管理、控制，也可以对家庭设备、汽车进行遥控，以及搜索位置、防止物品被盗等，类似自动化操控系统，同时透过收集这些事务的数据，最后可以聚集成大数据，从而实现物和物的相联以及社会的重大改变，包含重新设计道路以减少车祸，都市更新、灾害预测与犯罪防治、流行病控制等。物联网将现实世界数字化，应用范围十分广泛②。物联网拉近分散的信息，统整物与物的数字信息，物联网的应用领域主要包括以下方面：运输和物流领域、工业制造、健康医疗领域范围、智能环境（家庭、办公、工厂）领域、个人和社会领域等，具有十分广阔的市场和应用前景（如图 3-4 所示）。

---

① 《企业信息化的云导航——物联网篇，物联网将网络与实物链接》，见 XTools 超兔 (http://www.xtools.cn/news/yjdt/d30.html)。
② 宁焕生、徐群玉：《全球物联网发展及中国物联网建设若干思考》，载《电子学报》2010 年第 38 卷第 11 期，第 2590—2599 页。

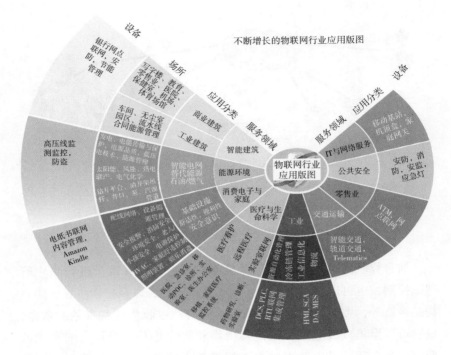

图3-4 物联网应用领域①

四、5G网络（第五代移动通信网络）

5G网络是第五代移动通信网络的简称，5G网络的主要目标是让类型多样、数量庞大的终端始终处于联网状态，5G网络具有超高速、超大连接、超低时延"三超"特性，与万物互联的应用场景将开启新一轮信息产业革命，5G技术已成为支撑未来智能制造的关键技术之一。纵览各代移动通信网络的特点，可以发现5G网络实现了跨越式进步：1G网络主要解决语音通信的问题；2G网络可支持窄带的分组数据通信，最高理论速率为236kbps；3G网络在2G网络的基础上，发展了诸如图像、音乐、视频流的高带宽多媒体通信；4G网络是专为移动互联

---

① 《物联网应用领域》，见互动百科（http://www.baike.com/gwiki/物联网开发论坛）。

第三章 网络信息技术对广州城市功能空间的影响展望

网而设计的通信技术,从网速、容量、稳定性上都有极大的提升(如图 3-5 所示)。具体而言,5G 网络峰值理论传输速度可达每秒数十 Gb,比 4G 网络的传输速度快数百倍,因此,5G 网络将是未来网络信息技术的关键支撑之一,对未来经济社会发展具有深远影响①。

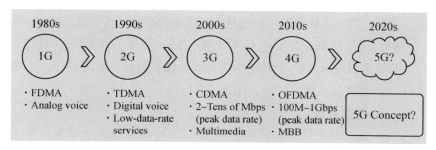

图 3-5　5G 网络与其他网络对比②

5G 未来的应用将不再只是手机,将面向未来 VR/AR、智慧城市、智慧农业、智能制造、工业互联网、车联网、无人驾驶、智能家居、智慧医疗、无人机、应急安全等等,具有庞大的上下游产业链(如图 3-6 所示)。具体而言,主要表现在以下几方面:

1. 上游产业链

(1)基站系统。基站是提供无线覆盖和信号收发的核心环节,包括基站主设备和室外天馈系统。基站系统包括天线、射频、小微基站等部分,产业链环节主要涵盖基站天线、射频模块、小微基站与室内分布等。目前,主要的基站天线和射频模块厂商包括华为、京信通信、通宇通讯、摩比发展、大富科技、武汉凡谷等,小微基站厂商包括邦讯技术、京信通信、佰才邦等。

(2)网络架构。5G 网络架构的产业链环节主要包括通信网络设备及 SDN/NFV 解决方案、光纤光缆、光模块、网络规划优化和运

---

① 董爱先、王学军:《第 5 代移动通信技术及发展趋势》,载《通信技术》2014 年第 47 卷第 3 期,第 235—240 页。
② 《移动 5G 来了,比 4G 快 100 倍的网络》,见搜狐科技(http://www.sohu.com/a/147567308_354896)。

维。通信网络设备及SDN/NFV解决方案是产业链最核心环节，市场集中度较高，主流的厂商包括华为、中兴通讯、上海诺基亚贝尔、烽火通信、新华三、星网锐捷等。

（3）光纤光缆光模块。光纤光缆主要受益于基站前传和回传网络的建设，光纤光缆主要厂商包括长飞、亨通光电、中天科技、烽火通信、通鼎互联；光模块的厂商包括中际装备、光迅科技、新易盛等。

（4）网络规划运维。包括无线接入网、业务承载网等前期规划设计和后期优化运维，主要包括中通服、杰赛科技、日海通讯、三维通信、富春股份、华星创业、中富通等。

2. 中游产业链

（1）主设备提供商。目前，5G设备主要由两家企业领头：华为和中兴。

（2）通信服务商。主要是电信、移动、联通等运营商，而5G的出现会给三大运营商一个利润的增长。

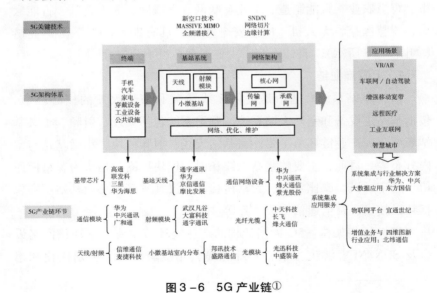

图3-6　5G产业链①

―――――

① 《通信行业恢复增长：5G时代还有多远？》，见搜狐财经（http://www.sohu.com/a/278841719_100165979）。

3. 下游产业链

（1）终端设备。5G 的终端设备将不局限于手机和电脑，还将涵盖家电、汽车、穿戴设备、工业设备等，其核心产业链环节为通信芯片、通信模块、天线和射频等部分。终端设备产业链环节主要包括基站芯片、通信模块及天线射频三部分。5G 基带芯片的节奏决定了终端设备的产业进度，主要包括高通、三星、联发科、华为海思等；基带芯片的通信模块，技术复杂度相对较低，国内厂商主要有芯讯通、广和通、移远通信等，终端天线和射频环节技术成熟度较高、工艺量产能力较强的企业有信维通信、硕贝德和麦捷科技。

（2）应用场景。5G 最革命性的意义在于与工业设施、医疗仪器、交通工具等的深度融合，有效满足工业、医疗、交通等垂直行业的多样化业务需求，形成智慧城市、远程医疗、工业自动化、自动驾驶等垂直领域的典型应用，实现万物互联的愿景。5G 面向应用场景的产业链环节在于系统集成与应用服务，主要包括系统集成与行业解决方案、大数据应用、物联网平台解决方案、增值业务和行业应用等部分。各环节的主流厂商包括：系统平台综合集成的华为、中兴通讯、烽火通信、新华三、星网锐捷；大数据应用的东方国信、天源迪科、拓尔思；物联网平台与解决方案的宜通世纪、高新兴、拓邦股份；增值业务服务与平台的北纬通信、拓维信息、四维图新、梦网荣信；等等。

第二节　发展动向

随着网络信息技术的深入发展，各种信息设备的信息处理能力、存储能力、传输能力及多样化程度不断提升，越来越多设备接入各种网络并进行互连互通，大量信号及商业数据的出现使得软件系统的集成和智能化程度越来越高，人类全面进入信息时代。信息将成为知识经济社会中最重要的资源和竞争要素，因此，网络信息产业无疑将成为未来全球经济中最宏大、最具活力的产业（如图 3-7 所示）。网络信息技术也必将适应现代社会的需求，变得更加灵活、更加融合于现代社会、更加满足于人们的生活。从总体上看，呈现以下几点发展动向。

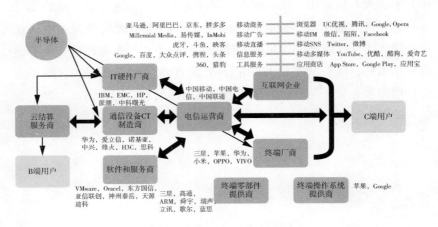

图 3-7　网络信息技术全产业链①

---

① 《在 5G 行情来临前看懂通信行业》，见富途牛牛（https://news.futunn.com/stock/5584458?src=3）。

第三章　网络信息技术对广州城市功能空间的影响展望

一、网络信息硬件技术加速发展

与网络信息技术相关的硬件设施主要包括处理器、存储器、网络通信设备等。未来计算机硬件技术将向超高速、超小型、平行处理、智能化的方向发展。早在1965年，Intel创始人戈登·摩尔提出了对半导体行业有重要影响的摩尔定律，即集成电路上可容纳的晶体管数量大约每隔1~2年便会增加一倍，性能也随之翻倍。50多年来，摩尔定律一直有效，单颗芯片上的晶体管数目从1971年的4004处理器上的2300个增长到2017年AMD发布的Ryzen平台的48亿个晶体管，46年间增长208万倍。在迅速提高性能的同时，摩尔定律还促使芯片价格不断降低，同时手机、PAD等小型移动设备的性能也越来越强大。当前的计算机硬件技术已经发展到面临瓶颈的阶段，急需发展量子计算机、光子计算等为代表的全新一代硬件技术。微电子技术与其他学科的结合将会产生一系列崭新的学科和经济增长点，除了系统级芯片外，量子器件、生物芯片、真空微电子技术、纳米技术、微电子机械等都将成为21世纪的新型技术。预计21世纪应用电子自旋、核自旋、光子技术和生物芯片的功能强大的计算机将要问世，可以模拟人的大脑，用于传感认识和思维加工。传统的磁存储、光盘存储容量继续攀升，新的海量存储技术趋于成熟，新型的存储器每立方厘米存储容量可达10TB，而信息的永久存储也将成为现实。

二、网络互联的宽带化、移动化、泛在化和融合化

现代通信技术的宽带化趋势指未来通信技术将更加依赖功能突出、质量过硬、传输速率高和信号稳定的新型宽带，其中光纤技术的成熟和大规模应用正是宽带化的一大标志。未来的光纤通信技术将不断提高传输速率和增长无中继距离；从点对点的光纤通信发展到光纤网；采用光纤放大器和光电集成及光集成等新科技。近几年，互联网

的一个重要变化是手机上网用户超过桌面计算机用户，以微信为代表的社交网络服务已成为我国互联网的第一大应用。移动互联网的普及得益于无线通信技术的飞速发展，4G无线通信的带宽已达到100Mb，而正在研发的5G无线通信不只是追求提高通信带宽，而且还是要构建计算机与通信技术融合的超宽带、低延时、高密度、高可靠、高可信的移动计算与通信的基础设施。当前，基于IPv4协议的互联网在可扩展性、服务质量和安全性等方面已遇到难以突破的瓶颈，近来各大企业和研究者们正在积极发展软件定义的互联网和以内容为中心的互联网，这可能是未来互联网发展的重要方向。过去几十年信息网络发展实现了计算机与计算机、人与人、人与计算机的交互联系，未来信息网络发展的一个趋势是实现物与物、物与人、物与计算机的交互联系，将互联网拓展到物端，通过泛在网络形成人、机、物三元融合的世界，进入万物互联时代。此外，未来通信技术的交汇融合也是一个基本趋势。如通信技术、电视技术和计算机技术的融合，可以构筑成全新的媒体网络，给更多的用户提供优质的服务。

三、信息处理的集中化和大数据化

20世纪末流行个人计算机，由分散的功能单一的服务器提供各种服务，但这种分散的服务效率较低，难以应付动态变化的信息服务需求。近几年兴起的云计算将服务器集中在云计算中心，统一调配计算和存储资源，通过虚拟化技术将一台服务器变成多台服务器，能高效率地满足众多用户个性化的并发请求。为了满足日益增长的云计算和网络服务的需求，未来计算机研制的主要目标是提高使用效率，即在用户可容忍的时间内尽量满足更多的用户请求。这与传统的计算机在体系结构、编程模式等方面有很大区别，需要突破计算机系统输入输出和存储能力不足的瓶颈，未来10年内，具有变革性的新型存储芯片和片上光通信将成为主流技术。而社交网络的普及应用使广大消费者也成为数据的生产者，传感器和存储技术的发展大大降低了数据采集和存储的成本，使得可供分析的数据爆发式增长，数据已成为像土地和矿产一样重要的战略资源。人们把传统的软件和数据库技术难以处理的海量、多模态、快速变化的数据集称为大数据,如何有效挖掘大数据的价值已成为新一代信息技术发展的重要方向。大数据的应用涉及各行各业,例如,互联网金融、舆情与情报分析、机器翻译、图像与语音识别、智能辅助医疗、商品和广告的智能推荐等等。大数据技术大概5～10年后会成为普遍采用的主流技术。

四、信息服务的智能化和个性化

过去几十年信息化的主要成就是数字化和网络化,今后信息化的主要努力方向是智能化。所谓智能化,本质上是计算机化,即不是固定僵硬的系统,而是能自动执行程序、可编程可演化的系统,更高的要求是具有自学习和自适应功能。无人自动驾驶汽车是智能化的标志性产品,它融合集成了实时感知、导航、自动驾驶、联网通信等技术,比有人驾驶更安全、更节能。美国已有几个城市给无人驾驶汽车颁发了上路许可证,估计10年内计算机化的智能汽车将开始流行。德国提出的工业4.0,其特征也是智能化,设备和被加工的零件都有感知功能,能实时监测,实时对工艺、设备和产品进行调整,保证加工质量。建设智慧城市实际上是城市的计算机化,将为发展新一代信息技术提供巨大的市场。

五、信息技术促使遥感技术蓬勃发展

传感技术、测量技术与通信技术相结合而产生的遥感技术,更使人感知信息的能力得到进一步的加强。随着信息技术的迅速发展,通信技术和传感技术的紧密结合将会使遥感技术在以下领域得到广泛应用并发挥更大的作用:农田水利、地质勘探、海洋开发、环境监测、地图测绘、灾害性天气预报、森林防火,尤其在地质找矿、森林和土地利用调查、气象预报、地下水和地热调查、地震研究、水利建设、铁路选线、工程地质及城市规划与建设等。

六、信息技术融合发展促使机器人得到广泛应用

信息技术与装备制造等技术的融合发展极大地推动了以机器人为代表的自动化生产的飞速发展。机器人革命已逐步成为"第三次工业革命"的一个切入点和重要增长点，对全球制造业、服务业格局产生重大影响。日益上升的人力成本已逐渐超过使用机器人的成本，越来越多的企业选择用机器人来部分替代工人。工业机器人已从汽车制造领域向机械、建材、物流、航空、航天、船舶制造等领域渗透。工业机器人的广泛应用提高了企业生产效率，促进了社会生产力的发展，但也减少了大量劳动力密集型就业岗位，致使众多低技能工人面临更低收入或者失业困局。由机器人技术带来的劳动力成本降低和生产效率提高将使财富加速向少数人手中聚集。服务机器人将释放知识型工作者的创造潜力。当前，服务机器人智能化程度越来越高，并开始从劳动力密集型行业向知识型行业渗透。

第三节　应用状况与应用前景

一、应用状况

网络信息技术是对广州城市功能空间影响最深远的一种技术。20世纪80年代以来，网络信息技术在广州各个领域的应用不断深入，使得以电子制造和软件信息服务为重点的新型产业园区不断在广州涌现，电子信息制造业已经成为广州的第二支柱工业。1982年，广州利用我国第三次人口普查工作的机会，建立了政府的数据处理中心。以此为开端，网络信息技术在政府管理、商贸服务、证券金融、医疗卫生、社会保障、社区服务、城市开发、产业园区建设与升级、城市生态维护等诸多领域得到广泛应用。在此过程中，网络技术不断得到升级，从宽带网络、移动网络，从2G、3G到4G移动网络，网络信息技术从硬件、软件和基础设施等各个方面不断得到升级。许多领域的网络信息技术应用已经到了普及化程度。在政务网络方面，到2015年年底，广州市网上办事大厅已进驻47个市直部门，设立12个区分厅，超过90%的行政审批事项和约90%的社会服务事项实现网上办理。广州市政府信息共享平台已接入单位95家，累计交换共享数据量达57.20亿条，累计共享市政府60个部门的相关信用信息1000多万条。

二、应用前景

网络信息技术的普遍化、个性化应用，推动了城市国民经济和社会信息化进程。随着5G移动网络、工业物联网等基础设施的日益完备，广州城市信息化、智能化的水平必将得到空前提升，由网络信息技术支撑起来的汇合信息流、物质流、资金流、技术流、数据流于一体的全新虚拟空间将与城市实体空间紧密融合，而且将无限地延伸至城市的影响空间。未来随着富士康第10.5代液晶面板全生态产业园、琶洲互联网创新集聚区、花地湾电子商务集聚区等的建设，新一代信息网络技术在广州应用前景将更为广阔，亦将重构广州城市的整体功能空间。

第四节 对广州城市功能空间的影响展望

总体上看，尽管网络信息技术仍然处于不断发展变化中，但其对广州城市功能空间的影响和作用具有广泛的渗透性，其作用方向大体如下：推动广州城市空间的扩张和重组、压缩空间距离、增强空间整体效率、创造虚拟城市空间、促进实体空间与虚拟空间的融合，从而实现城市功能空间的重新组合和扩张。未来网络信息技术将沿着这些方向继续对广州城市功能空间进行更深入的影响，最终形成高度智能化的智慧城市。未来在新一代网络信息技术影响下，广州城市功能空间将呈现以下几个明显趋势。

一、推动广州城市功能空间扩张

随着网络信息技术在广州城市建设的广泛应用，城市居民的工作、教育、生活、购物、就医、娱乐等将更有效地打破时空限制，居民对办公室、学校、购物中心、医院、交通工具等的依赖性大大减弱，部分工业生产对资源、对高度集中的生产规模的依赖性亦降低，削弱了往城市中心区集聚的动力，极大拓宽了广州城市的活动空间。与此同时，城市产业发展、城市商贸、居住生活、科研教育等不同类型功能空间的布局将发生较大调整，不同类型城市功能空间将呈现不同的空间布局调整，其中对人流和信息流具有较大依赖的城市功能空间将呈现集聚发展趋势，如大型的商业综合体、大型的面向公共的科研平台、高端服务业等将集聚于中心城区，而对空间和生态具有更高要求的居住生活空间将逐步往郊区布局，各功能区之间借助高效的网络通道形成相对高效独立而又高度互联互通的城市功能空间格局，城市空间布局结构也将由单中心朝多中心、网络化方向发展。

二、创造全新的城市虚拟空间

新一代网络信息技术在广州城市各领域的广泛深入应用，将逐渐形成一个连接城市各领域并汇集信息流、物质流、资金流、技术流、数据流于一体的全新虚拟空间。这一虚拟空间将结合大数据、物联网、智能家居等现代科技，更加普遍、更加深入地渗透至各个城市功能空间，以海量的信息流牵引城市的整体运营，促进城市整体功能空间的有效协调。同时，也将加强与城市外部虚拟空间的联络和协调。

三、融合不同类型的城市功能空间

借助网络信息技术将在产业链、业务链、能量链上有紧密关联的城市功能空间进行融合，能够形成全新的、更具效率的综合性城市功能空间。如广州城市政务中心就是借助网络信息技术将原来分布在不同职能部门之间的业务进行融合，在一栋大楼中实现原来在不同职能部门的综合业务，不但方便居民办事，也有效地节约了政务功能空间。广州天河城、珠江新城等大型商业综合体以及白云机场、广州南站等大型交通枢纽站点，通过网络信息技术，其功能越来越复合化，成为更高效率的新型城市功能空间。

四、催生城市新的产业空间

新一代网络信息技术将催生以电子制造和软件信息业为重点的产业园区。富士康第10.5代液晶面板全生态产业园、琶洲互联网创新集聚区、花地湾电子商务集聚区等新兴产业园区有望成为广州新经济发展的重要引擎。新一代网络信息技术将进一步提高现有产业园区的生产效率，促使网络信息技术领域的新兴园区不断出现，将成为推动广州未来经济发展的新动力。目前，广州很多产业园区内容的信息化减少还停留于表面，园区之间的高效协作信息通道还较少，要解决这

第三章 网络信息技术对广州城市功能空间的影响展望

些问题，都需要借助新一代网络信息技术，进而推进其深度应用于广州现有的产业园区。现有的传统电子产品制造园区将被全新的、下一代网络信息技术产品取代，如面向 5G 和新一代 Wi-Fi 的全新网络通信设备、面向北斗卫星导航系统和国产遥感卫星系统的电子产品、新一代显示屏、VR 设备制造等；现有的以传统软件开发设计为主的软件信息服务业园区将被大数据、云计算等为重点的软件信息服务业取代。借助网络信息技术，还将催生许多新的产业业态。如促进广州电子商务业快速兴起，使得大量传统商铺被虚拟化至电子商务平台，大幅度减少了商贸业对广州有限土地空间的依赖。

五、铸就虚实融合的超级城市空间

城市虚拟空间将与实体空间实现无缝对接，形成高效统一的、面向未来的城市超级空间。随着广州城市虚拟空间的不断发展，整个城市的信息流、资金流、业务流、能量流将在城市虚拟空间被进一步深入整合，同时与城市外部乃至全球的虚拟空间不断进行广泛连接，使城市实体功能空间的共享与协作成为现实，虚拟与实体功能空间的边界逐渐模糊，使广州城市的运作更加高效智能。

第四章　人工智能技术对广州城市功能空间的影响展望

　　本章分析人工智能技术的发展历史、发展动向，以广州为例论述人工智能技术对城市功能空间的影响。总体而言，人工智能技术的发展和应用对未来广州城市功能空间的影响和作用方向主要包括协助城市进行海量数据的智能化处理、进一步增加商业和产业空间容积率、压缩城市内部空间距离、智能管理城市虚拟空间等方面，人工智能技术将沿着这些方向对广州城市功能空间产生更深远的影响，最终形成高度智能化的智慧城市。

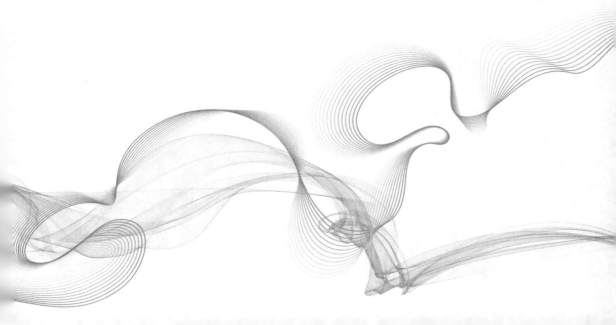

第四章 人工智能技术对广州城市功能空间的影响展望

第一节 阶段进展

一、发展阶段

人工智能（Artificial Intelligence，即 AI），也称机器智能。人工智能学科自 1956 年诞生至今已走过 60 多个年头，是计算机科学、控制论、信息论、神经生理学、心理学、语言学等多种学科互相渗透而发展起来的一门综合性学科（如图 4-1 所示）。

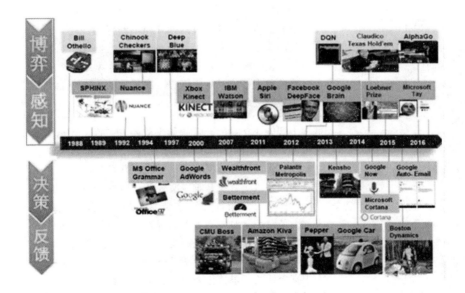

图 4-1 人工智能发展主要里程碑①

---

① 《李开复开讲：万字长文科普什么是人工智能》，见中关村专线（https://m.zol.com.cn/article/5884556.html）。

从计算机应用系统的角度看,人工智能是研究如何制造智能机器或智能系统来模拟人类智能活动的能力,以延伸人们智能的科学。人工智能技术至今已演变了3个阶段(见表4-1),它以网络信息技术为基础,是网络信息技术深层次应用的体现,尤其对城市海量运行数据的分析和挖掘具有重要作用,从而对城市功能空间产生重要影响。

表4-1 人工智能技术的主要发展阶段

代际	年代	技术及应用特点
技术驱动时代	1956—1980年	人工智能1.0时代,以计算和存储等技术为主要驱动力,是集中诞生基础理论的阶段。这个阶段奠定了人工智能发展的基本规则,诞生了基本的开发工具,为日后人工智能的研发工具的升级开辟了先河
数据驱动时代	1981—2010年	人工智能2.0时代,以数据驱动为主要特征,是数据推动人工智能更新迭代的阶段。20世纪80年代个人电脑开始普及,计算机硬件开始不断得到强化,人工智能的大规模运算成为可能并且促进数据规模的快速增长,促使软硬件基础设施的发展。大型跨国企业在这个阶段发挥出了规模优势,成了推动人工智能发展的主要推动者
情景驱动时代	2011年至今	人工智能3.0时代,以情景驱动为主要特征,是情景推动人工智能更深入到具体应用的阶段。随着人工智能的技术发展和数据积累,行业逐渐发现短期内通用智能和强人工智能是难以实现的,数据分布的情景化特性使得人工智能在特定情境下的垂直发展成了可能。情景驱动对应用型人工智能企业的数据处理能力提出了要求,企业不仅需要采集数据,还需要利用深度学习将这些数据转化为人工智能的"知识",最后根据企业的需求转化为相应的应用决策

二、技术构成及产业链

目前，人工智能已经逐渐发展成一门庞大的技术体系，在人工智能领域，它普遍包含了机器学习、深度学习、人机交互、自然语言、机器视觉等多个领域的技术①。

（1）机器学习。机器学习是一门涉及统计学、系统辨识、逼近理论、神经网络、优化理论、计算机科学、脑科学等多领域交叉学科，侧重通过研究计算机模拟或实现人类的学习行为获取新的知识或技能。基于数据的机器学习是现代智能技术中的重要方法之一，研究从观测数据或样本寻找规律，利用这些规律对未来数据或无法观测的数据进行预测。

（2）深度学习技术。深度学习最初由 Hinton 等人于 2006 年提出。深度学习方式主要包括有人监督和无人监督两种，机器学习的其他算法包括聚类算法、贝叶斯算法等。

（3）人机交互技术。人机交互技术主要包括人到计算机和计算机到人的两部分信息交换，是人工智能领域的重要的外围技术。人机交互是与认知心理学、人机工程学、多媒体技术、虚拟现实技术等密切相关的综合学科。传统的人与计算机之间的信息交换主要依靠交互设备进行，主要包括键盘、鼠标、操纵杆、数据服装、眼动跟踪器、位置跟踪器、数据手套、压力笔等输入设备，以及打印机、绘图仪、显示器、头盔式显示器、音箱等输出设备。人机交互技术除了传统的基本交互和图形交互外，还包括语音交互、情感交互、体感交互及脑机交互等技术。

（4）自然语言技术。自然语言泛指各类通过处理自然的语言数据并转化为电脑可以"理解"的数据技术。自然语言处理是计算机科学领域与人工智能领域中的一个重要方向，研究能实现人与计算机

---

① 《浅谈人工智能中六大关键技术》，见电子发烧友网（http://m.elecfans.com/article/803557.html）。

之间用自然语言进行有效通信的各种理论和方法，涉及的领域较多，主要包括机器翻译、机器阅读理解和问答系统等。

（5）人工神经网络技术。人工神经网络具有融合多元信息资源的功能，在人工智能中扮演着重要的角色，特别是智能机器人定位和导向环节具有较高的应用频率。

（6）机器视觉技术。机器视觉是使用计算机模仿人类视觉系统的科学，让计算机拥有类似人类提取、处理、理解和分析图像以及图像序列的能力。自动驾驶、机器人、智能医疗等领域均需要通过计算机视觉技术从视觉信号中提取并处理信息。近来随着深度学习技术的发展，预处理、特征提取与算法处理渐渐融合，形成端到端的人工智能算法技术。根据解决的问题，计算机视觉可分为计算成像学、图像理解、三维视觉、动态视觉和视频编解码五大类。

从产业链角度看，人工智能产业包括基础层、技术层和应用层（如图4-2所示）。

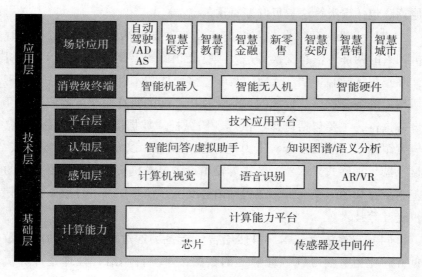

图4-2 人工智能产业链①

---

① 《500家国内AI企业大数据分析：产业布局与融投风云》，见搜狐网（http://www.sohu.com/a/194473350_413980）。

（1）基础层为整体产业提供计算能力，其中硬件部分包括芯片、传感器及中间件。芯片领域典型公司如寒武纪、深鉴科技，从事包括 GPU、FPGA 及 ASIC 等各类人工智能芯片的研发设计。计算能力平台以云计算为整个人工智能产业链提供计算能力，除了 3A（AWS、Azure、阿里云）外，国内典型的初创公司有七牛云、青云等。由于深度学习的持续火爆让全球人工智能产业普遍面临计算能力瓶颈，未来预期将有更多参与者进入计算能力平台这一领域。

（2）技术层主要为整体产业链提供通用人工智能技术能力。其中感知层包括计算机视觉和语言识别两项重要的机器感知任务，由于这两项技术相对成熟，而认知层包括知识图谱/语义分析，以及智能问答/虚拟助手两个核心领域，顶部的平台层则以通用技术应用平台的形式提供深度学习、模式识别等技术应用服务，对接应用层。

（3）应用层按照对象不同，可分为消费级终端应用以及行业场景应用两部分。消费级终端包括智能机器人、智能无人机以及智能硬件三个方向，其中智能硬件领域从业公司包括如 Rokid 等智能音箱玩家，致力于消费级硬件的智能化。场景应用部分对接各类外部行业的人工智能应用场景，如智慧医疗、智慧金融等。

第二节　发展动向

人工智能技术应用广泛，已经渗透至几乎各种现代技术中，其典型的应用包括：符号计算、模式识别、机器翻译、机器学习、自然语言处理、分布式人工智能、计算机视觉、智能信息检索技术等。然而，要准确地预测人工智能技术演化和应用的未来是极为困难的。但我们认为人工智能技术至少将重点在以下五个领域得到广泛应用。

一、自动推理有望实现更大突破

自动推理机是人工智能系统中用于实现信息推理的部件，是基于输入归纳总结规律，并用输入和总结的规律演绎结论的推理系统。自动推理机对外使用工作循环，从外界获得事实并使用推理引擎推导结论。同时，自动推理机不断维持建构循环，即用生成的结论和真实的事实做比较，验证内在模式系统是否成立以及周延，如果出现结论和事实不符的情况，则重新进入归纳过程总结规律[①]。自动推理是人工智能最经典的研究分支之一，其基本理论是人工智能其他分支的共同基础，其中，知识系统的动态演化特征及可行性推理的研究是最新的热点，很有可能取得重大突破。

二、图像和视频智能识别领域的广泛应用

图像识别、人脸识别一直是人工智能和机器学习领域的热点技术，特别是随着城市视频监控、卫星遥感影像、信息安全等领域海量

---

① 《自动推理》，见百度百科（https://baike.baidu.com/item/自动推理机/19219379?fr=aladdin）。

图片视频数据的出现，对图片视频的自动处理和识别是未来人工智能领域最广泛的应用之一。目前，广州在这一领域已经具有一定优势，如佳都科技在生物识别、智能视频分析等方面的技术，人工智能领域的多项自主核心技术达到了国际先进水平；铂亚公司拥有的智能识别技术处于全球领先水平，曾与中科院合作共建"生物识别与安全技术研究中心"联合实验室，承担了全球首个"人脸识别云计算"科研项目。

三、自然语言处理技术日趋先进

自然语言处理是人工智能技术应用于实际领域的典型范例，这一领域已经取得了大量的理论与应用产品。如智能信息检索技术已经成了人工智能的一个独立研究分支。目前，广州在语言识别和处理方面取得了积极进展，如广东讯飞启明（科大讯飞的全资子公司）已经将该技术广泛应用至教育招生考试信息化领域；科大讯飞在我国语音识别领域占据了44%的市场份额。

四、自动驾驶领域技术取得重要突破

自动驾驶汽车又称无人驾驶汽车、电脑驾驶汽车，是一种通过人工智能技术实现无人驾驶的智能汽车，对未来城市交通功能空间将产生重大影响。目前，自动驾驶领域技术正加速接近实用化，比如谷歌自动驾驶汽车于2012年5月获得了美国首个自动驾驶车辆许可证，特斯拉、奥迪、比亚迪等汽车制造商均已经具备量产无人驾驶汽车的条件。此外，人工智能已经在无人机领域取得重大突破并得到广泛应用。

五、机器人应用日益广泛

机器人是集机械、人工智能、控制、电子、信息、材料、生物、医学等多领域先进技术于一体的综合性平台，具有应用范围广、辐射渗透力强、产业技术引领作用大等突出特点，其研发、制造和应用不仅促进相关学科领域的交叉融合，而且能够促进装备制造、新一代信息技术、新材料、生物技术等战略性新兴产业融合发展，在推动战略性新兴产业发展和传统产业升级换代、增强综合国力、保障国家安全方面具有根本性、广泛性、关键性带动作用。目前，广州在机器人领域已经有较好的基础，以广州启帆、广州数控、鑫泰科技等代表性企业生产的具备搬运、喷涂、码垛、钻孔等多种功能的机器人产品在国内已经具有较强竞争力。在机器人的关键零部件研发与制造方面也已经有国机智能、巨轮智能、广州数控、昊志机电、广州敏嘉、广州启帆、鑫泰科技、长仁科技等企业。

第三节 应用状况与应用前景

一、应用状况

目前，人工智能技术在广州城市功能空间领域的应用主要集中于已有的信息化领域，如城市智能交通系统、城市智能视频监控系统、城市综合政务系统、企业自动化生产、商业领域的无人商店等领域，逐步朝智慧城市方向发展（如图4-3所示）。如在交通功能方面，城市智能交通和城市视频监控系统领域应用人工智能领域的图像自动识别、大量数据的实时在线处理等技术，实现广州城市交通的智能监控和对各种交通资源的智能调控，有效提升了广州交通功能空间的运行效率。在政务服务功能方面，目前小i机器人已成功为越秀政务区服务中心、荔湾区政务服务中心、广州公安户政和12345热线等政务服务行业提供了专业的应用服务，2017年完成国税行业智能机器人的全省规模化应用。在人工智能的相关产业方面，截至2016年，广州智能装备及机器人产业规模约490亿元，销售工业机器人6885台，总销售额23亿元，广州数控、启帆两家企业入选"中国机器人TOP 10"。在智能制造领域，目前在广州开发区已经形成了实力较强的"机器人企业军团"，其中有广州数控、达意隆、明珞装备、昊志机电、诺信以及海瑞克（中国）等代表性智能制造企业。在汽车制造领域，广汽丰田、广汽本田、广汽传祺等整车企业均已大规模运用人工智能技术来实现自动化生产。

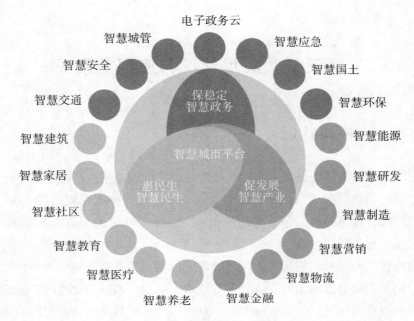

图 4-3 智慧城市各系统构成①

二、前景展望

　　智能制造是新一轮工业革命的重点发展新方向，对企业而言，智能制造能降低成本、提升品质和品牌形象，随着人工智能技术的不断突破，其在城市产业发展、城市建设运营管理、居家生活、公共服务等领域的应用将不断拓展（如图 4-4 所示）。据前瞻产业研究院发布的《2017—2022 年中国人工智能行业市场前瞻与投资战略规划分析报告》显示，到 2016 年年底，我国人工智能产业市场规模已经增长至 95.6 亿元，预计到 2018 年达到 203.3 亿元，将催生出一大批以人工智能技术为重点的产业园区。广州在这一方面也取得了积极进展，思科智慧城、广汽智联新能源汽车产业园有望成为以人工智能技

---

① 《智慧城市》，见中投顾问网（http://www.ocn.com.cn/zt/zhihuichengshi.shtml）。

第四章 人工智能技术对广州城市功能空间的影响展望

术为重点的产业园区。

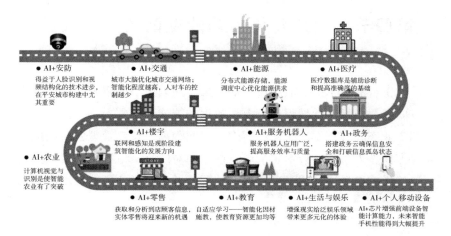

图4-4 人工智能应用领域①

---

① 《人工智能：解锁智慧城市，未来已来》，见搜狐科技网（http://www.sohu.com/a/223764778_445326）。

第四节　对广州城市功能空间的影响展望

人工智能技术的发展和应用对未来广州城市功能空间的影响和作用方向主要包括协助城市进行海量数据的智能化处理、进一步增加商业和产业空间容积率、压缩城市内部空间距离、智能管理城市虚拟空间等方面，人工智能技术将沿着这些方向对广州城市功能空间产生更深远的影响，最终形成高度智能化的智慧城市。主要可能呈现以下几个显著趋势。

一、助推城市功能的整体协调

协助城市各功能空间的无缝对接和整体智能协作。随着人工智能技术在广州未来城市建设和运营的深入应用，能将各职能部门的数据信息和业务流程整合到广州全市统一的云计算平台并借助人工智能技术进行海量数据的实时处理，对广州城市运行可能存在的问题进行智能预警并提出可能的解决方案，大幅度提高企业和居民的政务办事效率，减少城市通勤。

二、促进城市人工智能产业业态空间扩张

人工智能技术将进一步提高现有产业园区的生产效率，以人工智能为核心的新兴产业园区将不断出现，成为推动广州未来经济发展的新动力。根据国务院于2017年7月发布的《新一代人工智能发展规划》的规划目标显示，到2030年我国人工智能核心产业规模将超过1万亿元，带动相关产业规模将超过10万亿元，这将为广州打造以人工智能为重点的新兴产业园区带来机遇。一方面，在现有产业园区转型升级方面加大对人工智能技术的应用，提高现有产业园区产品的

新附加值，进而提高产业园区的产出效率。另一方面，在智能机器人制造业和智能信息服务业领域加大培育力度，依托亚信在南沙的人工智能产业园，广州将建成面向全国乃至亚太地区的云计算公共平台和大数据处理中心，培育一批大数据和云计算领军企业。在工业机器人领域，重点瞄准机器人的关键零部件研发制造，以突破机器人关键零部件、满足国内市场应用，满足与人协作型机器人的关键部件需求，满足新型机器人关键部件需求为目标，分阶段开展关键共性技术攻关，积极培育广州智能机器人制造业领域的新优势。另外，人工智能将催生许多新的产业服务业态，如无人工厂、无人商店等新业态。

三、实现虚实空间的有效衔接

加速促进城市虚拟空间与实体空间的有效对接，对城市超级城市空间实时进行智能监管和预警。人工智能在广州城市虚拟空间的深入应用，将不断加速城市信息流、资金流、业务流、能量流在虚拟空间的整合，之前缺乏监管的城市虚拟空间将呈现与实体空间一致的秩序，使得城市实体功能空间的高效智能化共享与协作成为现实，促使广州城市超级空间的运作呈现高效智能化特征。对一些极端化条件、人工无法进入的环境空间，将由人工智能进入管控，进而更有效协调城市的整体功能空间。

第五章　交通技术对广州城市功能空间的影响展望

　　本章回顾交通技术的发展进展、发展动向，重点关注交通技术变革对城市功能空间的影响。总体上看，与汽车技术变革直接相关的是城市交通出行生态的变化，继而影响城市各功能空间变化。对广州而言，交通技术将对广州交通功能空间产业深远影响，表现为推动城市交通功能空间的结构转型、进一步拓展城市社会交往功能空间、有助于改善城市生态空间、推动城市居住功能空间不断向郊区布局等方面。

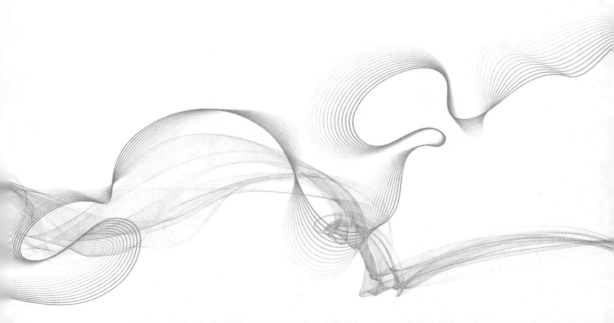

第一节 阶段进展

一、发展阶段

从交通技术发展来看，大致经历了传统交通发展时期（1796年以前）、现代交通启蒙时期（1797—1950年）、现代交通体系发展时期（1950—2000年）和现代交通技术大创新时期（21世纪以来）四个发展阶段（见表5-1）。在蒸汽机发明以前，人类的交通动力主要依靠畜力（马、牛、驴等）、水力和人力。在蒸汽机车、蒸汽机轮船、汽车、飞机等相继发明之后，人类进入了现代交通的启蒙时期，但只是小范围、规模有限的试验性现代交通，尚未形成较为完善的交通体系。第二次世界大战以后，人类交通技术进入一个飞跃时期，公路、水运、航空、管道以及轨道交通体系相继建立和完善，大运量、高速度的交通技术系统快速普及。

进入21世纪后，在网络和移动互联技术、新能源技术的催化下，交通技术发展进入一个向信息化、智能化、高速化、绿色化方向发展的新时期。无线通信技术、传感器技术、电子信息控制技术、车联网技术等逐渐在交通领域得到广泛应用，促进交通向智能化、信息化、安全化方向发展。随着电动汽车、燃料电池汽车等新能源汽车的研发，促使交通工具向高效、低能耗、低排放方向发展，低碳节能环保的交通工具日益普及。新的高速铁路系统、无人驾驶汽车（飞机）、新能源汽车等新型交通工具逐渐出现并不断得到广泛应用，市场发展前景广阔。

表 5-1 交通技术体系发展主要阶段

代际	时间	技术特点
传统交通发展时期	1796年以前	蒸汽机车发明以前,交通主要依靠畜力、天然水力和人力
现代交通启蒙时期	1796—1950年	实现了交通工具单项技术的发明创造。如蒸汽机车（1796年）、蒸汽机轮船（1807年）、汽车（1885年）、飞机（1903年）等
现代交通体系发展时期	1950—2000年	建立和扩展公路、水运、航空和管道交通系统。发展大运量交通工具,如大吨位拖挂车、各种专用车和大型高级客车,大吨位散货船和各种专用船舶,大吨位分节驳顶推船队和自航驳船等;建设了大型的交通基础设施,形成了现代化车路技术系统,现代化船、港、路技术系统,先进的飞机、空港及航务技术系统,以及以城市为主体的轨道交通系统。交通技术逐步向大运量、高速化方向发展
现代交通技术大创新时期	21世纪以来	无线通信技术、传感器技术、电子信息控制技术、车联网技术等逐渐在交通领域得到广泛应用,促进交通朝着智能化、信息化、安全化的方向发展。随着电动汽车等新能源汽车的研发,促进交通工具朝高效、低能耗、低排放方向发展,低碳节能环保的交通工具日益普及

二、主要的现代化交通方式

1. 高速铁路

高速铁路,指基础设施设计速度标准高、可供火车在轨道上安全高速行驶的铁路,列车运营时速度为 200 千米以上。高铁在不同国家、不同时代以及不同的科研学术领域有不同规定[1]。国家铁路局将

---

[1] 《高速铁路》,见百度百科（https://baike.baidu.com/item/高速铁路/147658?fromtitle=高铁&fromid=5530519&fr=aladdin）。

高铁定义为设计开行时速 250 千米以上（含预留）、初期运营时速 200 千米以上的客运列车专线铁路，并颁布了相应的《高速铁路设计规范》文件。国家发改委将高铁定义为时速 200 千米及以上标准的新线或既有线铁路，并颁布了相应的《中长期铁路网规划》文件，将所有时速 200 千米的轨道线路统一纳入我国高速铁路网范畴。适合高速铁路的生存环境有两条基本原则：一是人口稠密和城市密集；二是较高的社会经济和科技基础。2018 年年底，我国高铁运营里程达到 2.9 万千米以上，超过世界高铁总里程的三分之二，成为世界上高铁里程最长、运输密度最高、成网运营场景最复杂的国家（如图 5-1 所示）。

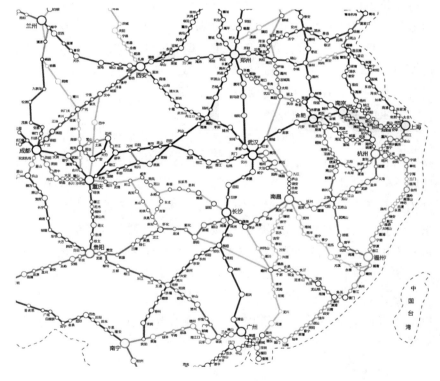

图 5-1　我国局部高速铁路线路①

———————
① 《中国高速铁路网络示意图》，见高铁网（http://crh.gaotie.cn/CRHMAP.html）。

2. 地铁

地铁是铁路运输的一种形式，指在地下运行为主的城市轨道交通系统，即"地下铁道"或"地下铁"的简称，许多此类系统为了配合修筑的环境并考量建造及营运成本，可能会在城市中心以外地区转成地面或高架路段。地铁是涵盖了城市地区各种地下与地上的路权专有、高密度、高运量的城市轨道交通系统，台湾称之为"捷运"（Rapid transit）。除了地下铁以外，也包括高架铁路（Elevated railway）或路面上铺设的铁路。因此，地铁是路权专有的，无平交，这也是地铁区别于轻轨交通系统的根本性的标志。世界上最早的地铁是英国伦敦的大都会地铁，始建于 1863 年。截至 2018 年 12 月，广州地铁在建线路共有 13 条（段），分别为 3 号线东延段、5 号线东延段、7 号线一期西延顺德段、7 号线二期、8 号线北延段、10 号线、11 号线、12 号线、13 号线二期、14 号线二期、18 号线、21 号线后通段、22 号线，在建总里程共 421.2 千米。

3. 城际与城市轨道交通

城际与城市轨道交通属于轨道交通的一个新兴类别，介于传统铁路交通和城市轨道交通之间，主要用于实现相邻城市或城市群间的快速联络，如广珠城轨、广佛肇城轨等①。城市轨道交通，指采用轨道结构进行承重和导向的车辆运输系统，依据城市交通总体规划的要求，设置全封闭或部分封闭的专用轨道线路，以列车或单车形式，运送相当规模客流量的公共交通方式。如市内的地铁或轻轨系统、有轨电车等。城际轨道交通与城市轨道交通存在本质的差异，虽然彼此存在部分交集，但不能完全互相代替。前者以服务城际旅客为主，后者以服务市内旅客为主，两者因服务主体对象的不同而产生了显著差异。

4. 自动驾驶

自动驾驶汽车是一种通过电脑系统实现无人驾驶的智能汽车，将

---

① 《城轨》，见百度百科（https://baike.baidu.com/item/城轨/4107927）。

成为未来城市交通的一种主要方式。在20世纪已有数十年的历史，21世纪初呈现出接近实用化的趋势。自动驾驶汽车依靠人工智能、视觉计算、雷达、监控装置和全球定位系统协同合作，让电脑可以在没有任何人类主动的操作下，自动安全地操作机动车辆。2017年12月，北京市交通委联合北京市公安交管局、北京市经济信息委等部门，制定发布了《北京市关于加快推进自动驾驶车辆道路测试有关工作的指导意见》与《北京市自动驾驶车辆道路测试管理实施细则》，规范推动自动驾驶汽车的实际道路测试。2018年5月14日，深圳市向腾讯公司核发了智能网联汽车道路测试通知书和临时行驶车号牌。

第二节 发展动向

新科技革命背景下,城市交通将朝着自动化、电气化和互联化三大方向发展,通过努力打造"零排放、零担忧、零事故"的城市交通环境,塑造面向未来的城市智慧交通体系。

一、交通技术自动化:无人驾驶技术逐步成熟

无人驾驶技术是多学科综合与交叉应用的边缘领域,涉及人工智能、信息论、控制论以及决策论等理论的综合,涉及计算机技术、微电子技术、网络技术、通信技术以及机械设计等新科技的应用。无人驾驶的关键技术是设备定位和设备控制技术。未来无人驾驶两大不同的技术路径分别由传统车企和互联网车企来推动(见表5-2),传统车企主张采取温和渐进的策略,从 Level 1 向 Level 4 循序渐进发展(如图5-2所示)。

表5-2 无人驾驶的两种路径及特征

路径特征	路径一:传统车企	路径二:互联网车企
路径本质	ADAS 功能和技术不断完善和发展	移动式机器人深度学习能力及自主决策能力提升
发展目的	缓解司机驾驶压力、改善司机驾驶体验	以计算机来控制汽车,取代人工驾驶
竞争优势	丰富的整车制造经验、完善的配套服务体系	先进的互联网技术,成熟的算法和云服务平台
核心技术	自动控制系统	人工智能
代表性企业	长安汽车	百度、谷歌

首先以高速公路为主,实现自动驾驶,然后逐渐推广到等级公路

乃至普通公路，希望通过每一代车型搭载的 ADAS 高级驾驶辅助系统不断升级的方式，直到最后实现完全自动驾驶。而作为汽车领域新进入者的互联网车企则希望通过利用"传感器＋高精地图＋云计算"自动驾驶方案实现完全自动驾驶，试图一步到位直接进入 Level 4 的发展阶段。例如，谷歌公司（Google）的无人驾驶汽车仅设置启动和停止两个功能按键，车辆行驶、道路选择等均由车载电脑操控，谷歌作为无人驾驶先行者，目前已经发展到第三代，前两代均是在现有车型上进行改造实现的，第三代是 Google 自主组装的无人驾驶汽车，取消了方向盘、后视镜、踏板等能够与驾驶者发生联系的配件。

智能化程度	主要特征	代表性功能	主要成果
高	L4：完全无人驾驶	完全自动驾驶	谷歌完成209万千米路测、百度完成北京三环路测
	L3：受控的自动驾驶	高速自动驾驶	德尔福横跨美国
	L2：组合功能自动驾驶	ACC、自动泊车等	Mobileye辅助系统 特斯拉、沃尔沃等
	L1：特定功能自动驾驶	ESC、AEB、LKA	高档车辆
低	L0：不具备自动驾驶	—	—

图 5-2 各类型无人驾驶的形态

二、交通技术互联化：智能互联逐步流行

智能交通系统是未来交通系统的发展方向，是交通领域的一场革命。通过先进的信息技术、通信技术、控制技术、传感技术、计算器技术和系统综合技术有效地集成和应用，使人、车、路之间的相互作用关系以新的方式呈现，从而实现实时、准确、高效、安全、节能的目标。打造点到点的零担忧出行方式是智能交通的重中之重，为了实现这一目标，城市里的公共交通、私家车、自动驾驶、共享汽车和货车以及其他交通工具，以及新型交通工具之间都需要无缝互联。未来在智能网联技术领域，人机交互、人工智能等为代表的新科技发展速

度远远快于以机械为主的传统汽车技术,汽车功能软件化、电子化是一种必然的技术演变趋势。

三、交通技术电气化:新能源汽车替代传统汽车

在环境污染问题和石油能源消耗双重压力下,电气取代燃油成为不可逆转的趋势。20世纪90年代,全球关注环境保护,提出缓解石油消耗过度问题,电气化交通开始进入快速发展时期。在未来的城市里,电气化交通将为低排放交通做出贡献。在交通领域,所有车型和细分领域电动化的发展都是不可逆转的趋势。新能源技术趋势的重点核心在动力电池技术,包括如何提升能量密度、如何提升续驶里程、如何降低成本等。新能源技术的发展趋势是朝轻量化、低碳化方向发展。在轻量化方面,目前新能源车的电池能量密度还比较低,导致新能源汽车整个车身还比较重,每减重1%,带来的节能效果将非常显著,新型轻量化材料未来在电动车上将会广泛普及和应用;在低碳化方面,电动车是否低碳受到电力结构的影响,煤电占电力70%的比例,如果电动车的能耗不能控制在合理的程度,低碳化的目标难以实现。

分析当下电动车的发展趋势,与内燃机驱动的传统汽车相比,纯电驱动汽车的结构更加简单,零部件数目大量减少。这为行业外企业进入汽车行业提供了契机。与此同时,传统汽车面对的另一个挑战是汽车功能软件化、电子化的技术趋势,尤其是在智能网联技术领域。预计到2020年,新能源汽车电子电气零部件占整车总成本的比例将超过50%。

第三节 应用状况与应用前景

一、应用状况

广州作为一个特大城市,各种交通方式较为完备,技术应用多样性十分明显。从1992年广州就引入SCATS(悉尼自适应交通控制系统,Sydney Coordinated Adaptive Traffic System),至今广州全市已安装SCATS信号机约400台,全部集中联网控制,覆盖市区绝大部分道路,对交通信号的控制效果比较理想。广州还利用新科技探索了多种形式的公共交通系统,如珠江新城旅客自动输送系统(Automated People Mover Systems, APM)、海珠新型有轨电车,亚洲第一大、世界第二大的快速公交系统(BRT)。广州地铁首条线路于1997年6月28日开通,而至2016年年底,广州已开通运营的地铁线路达到10条,总运营里程达到308.7千米,共167座车站,日均客运量从2010年324万人次增至2015年659万人次,承担客运量占公共交通总量的比重由27%增至43%。新能源汽车近年来有所发展,但由于核心技术支撑不足、配套设施建设缓慢、合资企业处于观望状态,广州新能源汽车发展较慢。但总体上看,新交通技术体系不断发展,地铁技术、轻轨技术和高速铁路技术的应用规模加快扩大。交通信息化程度较高,全球定位系统(GPS)、地理信息系统(GIS)、数字地形模型系统应用广泛,电子警察和视频监控等技术系统应用普遍,实现了对全市出租、公交、公路客运、危险品运输等各行业的信息化全覆盖,网约车、共享单车、共享汽车及共享停车等在特定平台得以实现。无线通信技术、传感器技术、电子信息控制技术等在交通领域应用普遍,进而形成智慧交通系统(如图5-3所示)。海港、空港、路桥建设的技术先进程度不断提高,大飞机、新型船舶技术在交通领域应用大踏步前进。高速化、重载化、安全化、信息化、智能化方向的高速铁路系统技术开发及建设得到长足发展。

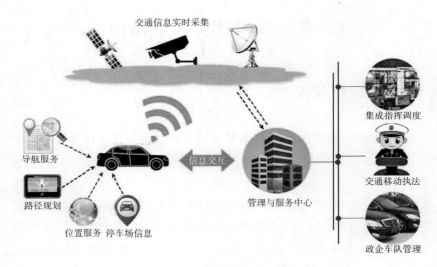

图5-3 智慧交通①

二、应用前景

交通的本质是解决人与物的空间转移，运用现代化的技术手段实现对城市各项空间元素的合理有效组织。交通可达性的高低，决定了城市空间形态与脉络格局。没有一种固定的交通工具和交通模式能旷日持久，无论哪个时期，只有交通系统与当时的科学技术、社会需求相一致，才是适宜的交通方式。总体上看，自动化、电气化和互联化三大领域的技术的应用也将成为广州未来交通发展的主要方向。

在广州未来的智能交通体系中，无人驾驶将广泛运用于汽车、无人机、有轨电车、地铁等城市交通工具。无人驾驶在交通领域的应用，从根本上改变了传统车辆的控制方式，可大大提高广州交通系统的效率和安全性。无人驾驶汽车是广州未来无人驾驶技术应用最重要

---

① 《智慧交通》，见中投顾问（http://www.ocn.com.cn/zt/zhihuichengshi.shtml）。

第五章 交通技术对广州城市功能空间的影响展望

的领域之一,它将成为一种把探测、识别、判断、决策、优化、优选、执行、反馈、纠控等功能融为一体的智慧型交通设备。它能利用车载传感器来感知车辆周围环境,并根据感知所获得的道路、车辆位置和障碍物信息,控制车辆的转向和速度,从而使车辆能够安全、可靠地在道路上行驶。无人驾驶最终将从根本上改变传统交通"人—车—路"闭环控制方式,将不可控的驾驶员从该闭环系统中"请"出去,从而提高城市交通系统的效率和安全性。现代无人驾驶以汽车工业为基础,以高科技为依托,其横向发展离不开广州城市各种交通用途的实际需要,其纵向发展的生命力在于相关企业持续不断的技术创新。

据行业内预测,到2020年,在大多数的高速公路条件下,很多汽车都可以实现自主驾驶,到2025年,第一批可以真正实现自主驾驶的汽车将会推向消费市场,到2030年无人驾驶汽车将会广泛进入消费市场,到2035年无人驾驶汽车将全面占领消费市场(如图5-4所示)。

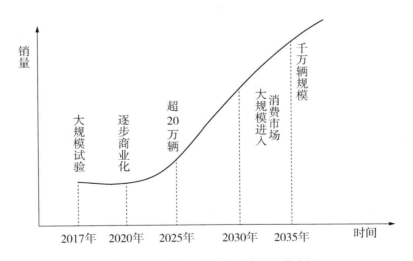

图5-4 中国无人驾驶行业发展趋势分析

未来广州智能交通将呈现六大发展趋势:一是获取动态和实时的交通信息。随着新一代信息技术的深度应用,对交通基础设施、交通流及环境等状态感知将更加动态和实时，这是支撑广州未来智能交通发展的基础。二是提供无处不在和随需定制的交通信息服务。智能交通提供的信息服务将遍及广州交通运输领域的各个角落，并能根据出行者需求及时间、费用、舒适度、低碳等不同的价值取向，随时随地提供个性化、多样化的出行选择。三是提供主动预警和反应迅速的交通安全保障。通过车路协同、船岸通信等方式，实现对广州及周边危险情况的主动预警和事件的快速响应，为交通参与者提供更加安全可靠的交通环境。四是打造信息共享和一体化的便捷运输体系。通过信息共享和一体化的智能交通系统，推动运输通道、枢纽、运输方式等资源的优化配置，促进广州城市各类运输方式之间的无缝衔接和零换乘。五是实现绿色环保和可持续发展理念。智能交通作为重要技术手段，减少拥堵和无效交通，将为广州城市交通运输节能减排提供支撑。六是创新驱动和市场引导的发展模式。未来智能交通将基础设施、运载工具、出行者、服务提供者等各交通运输参与方通过信息网络与价值链连接起来，交通信息将按市场引导、价值驱动的原则在各利益相关方之间自由流动，并将产生新的应用服务模式，推动广州智能交通产业化的形成和发展。

在全世界范围内，中国、日本、美国、德国把 2020 年作为拐点，并预计在 2030 年，电动汽车将占领全球汽车市场的半壁江山。电气化汽车、电气化自行车、电气化飞行器等将作为电气化交通设备的细分业务领域。电动自行车发展迅速，中国两轮电动车市场保有量达到 2 亿辆，博世研发了适用于轻型电动车的紧凑型动力总成系统，小到两个轮子的 E-Schwalbe，大到四个轮子的 e. Go 均可兼容。大城市快件递送也会越来越电气化，其方式也可能越来越多样化，包括无人驾驶车、无人机等设备。广州到 2018 年年底，全市推广应用新能源汽车累计超过 15 万辆，其中，公交、出租、环卫等公共服务领域推广应用新能源汽车不足 1 万辆，主要为私人和租赁等领域。到 2020 年年底，全市新能源汽车保有量累计达 20 万辆左右，其中，公交、出租、环卫等公共服务领域推广应用新能源汽车约 3 万辆，私人和租赁等领域约 17 万辆。到 2018 年年底，全市初步构建起了以专项规划为指引、各项配套政策完备、社会力量积极参与、监控管理到位的充电基础设施建设体系，基本实现适度超前、车桩相随、智能高效、使用便利的充电服务。基本满足全市新能源汽车需求。到 2020 年，全市各类充电桩（机）保有量达 10 万个。

总体上，交通是广州城市发展的一个具有短缺特性的领域。在新型先进现代交通技术及方式应用方面，广州一直处于国内领先水平，但交通技术的创新及试点还有待深化。未来这些领域的技术应用实际需要整个交通系统的技术变革。

第四节 对广州城市功能空间的影响展望

与汽车技术变革直接相关的是城市交通出行生态的变化，继而影响城市各功能空间变化。自动化、电气化、智能化、共享化将改变原有的出行生态。交通工具已经不仅仅是代步工具，更是提供多样化服务的载体。垂直一体化的汽车产业链将会被打破，众多行业和服务业的深度进入将构成扁平、网状的出行生态。随着智能网联汽车的成熟，汽车共享智能出行服务将不断提升交通效率和人们出行的体验，改变人们的生活。本书将重点关注交通技术变革对城市功能空间的影响。

一、推动城市交通功能空间的结构转型

1. 新型交通工具和交通模式催生城市新型交通基础设施建设，从而推动交通功能空间的转变

（1）适应无人驾驶和人类驾驶的道路基础设施。目前的道路系统是依照人类驾驶员的驾驶方式建造的。未来5～10年，当广州城市区域进入部分无人驾驶或者全面无人驾驶阶段时，道路基础设施需要进行适度的调整，才能支持无人驾驶和人类驾驶两种驾驶方式。

（2）建设无人机配送仓等基础设施。近年来，亚马逊、DHL、京东、顺丰纷纷推出了无人机物流计划，使用无人机将快递送给客户。无人机物流的发展需要广州在新建无人机配送仓、屋顶停机坪等基础设施上做出规划或者预留可供改造的空间。

（3）新能源汽车充电基础设施。据广州市充电设施智能管理平台的数据显示，2016年5月广州市全市充电桩为582个，到2017年4月这一数量为6 207个，增幅达966.49%。而到2018年年底，广州全市的充电桩数量达到了14 379个，呈现高速增长趋势。未来，广

州新能源汽车保有量快速发展，亟待新能源充电基础设施的合理规划和建设。

（4）适应交通服务点到点的定制需要，交通枢纽向小型化、分散化发展。广州目前共有五级及以上公路客运站 28 个，其中中心城区站场 16 个（一级站场 10 个），主要有省汽车客运站、市汽车客运站、天河客运站等，总体上看远远不能满足未来发展的需要。得益于网络信息技术的发展，汽车服务将呈现点到点定制，根据需求组合共享最优乘车模式，因此，未来汽车交通枢纽应向小型化、分散化发展。

2. 交通效率提高使得传统交通空间需求逐渐转向其他功能空间

（1）慢行交通空间获得更多发展。目前，广州慢行交通系统存在明显缺陷，自行车没有获得足够的道路通行权，部分道路的过街设施及非机动车道设计不合理；慢行空间被其他交通方式挤占，慢行通道受物理空间阻隔影响连续性。此外，慢行系统存在较高的安全隐患，缺乏人性化设计，缺乏必要的安全过道，机动车、非机动车分隔设施缺乏。未来快行交通的高效率发展，将使慢行交通获得更多、更优质的发展空间，自行车道、步行道的空间将有望大大扩张。

（2）复合功能空间融合发展。与慢行交通随之发展的是人性化的城市文化休闲商业空间，步行空间包括人行道逐渐形成一个多元复合空间，并与生态空间融合一体发展，适应广州亚热带多雨、炎热气候，为骑行者和步行者提供一个阴凉、舒适的出行生态环境。

（3）停车场等静态交通空间分布和需求发展变化。广州市长期以来重视轨道交通、道路网络等动态交通设施建设，停车场等静态交通设施建设缓慢。以停车位为例，广州市现有道路运行机动车数量超过 300 万辆，备案停车位数量不足 66 万；5 年内机动车增长速度仍将大大超过停车场停车位增长速度。无序停车占据道路行车空间和人行道空间，严重阻碍了城市交通运行，尤其限制支干线道路和微循环道路的有效利用。但未来无人驾驶技术和共享经济的推进将使车辆的使用率大大提高，加上私人汽车使用成本的不断上涨等因素，私人汽车需求将可能下降，停车需求相应地也会逐渐减小。目前所需要的大型停车场所，如体育场、主题乐园、购物中心的停车位将被无数分散的小型的停车位所取代。

3. 汽车成为"第三空间"并发挥多功能性

智能网联技术将赋予汽车更多的创新功能。在高度自动驾驶或无人驾驶情况下，驾驶员在行车过程中将有更多的自由时间。无处不在的车联网技术使汽车以及人随时与办公室、家及其他公共设施连接。在未来5～10年，汽车成为人们居住、办公以外的"第三空间"。颠覆性的内饰设计结合无人驾驶技术使汽车还可以用来处理公务、娱乐或者当作移动会客室。而汽车将成为各种服务和第三方应用的平台或入口，从而形成一个全新的、具有最大限度移动性的空间。同时，以接受信息为主的传统汽车也正日益转变为收集信息的一方，这其中既包含乘车人的信息，同时也存在对环境数据的采集。车内系统能够探测出司机的困倦状态，皮肤静电传感器甚至可以提供司机的压力指数。而在车外，雷达、摄像头和激光传感器能够"读出"路标信息以及外部环境识别并做出反应，为城市管理大数据平台提供动态交通信息采集功能。

4. 夜间交通空间利用率大大提高

随着无人驾驶在货运物流、快递派送、城市保洁等广泛应用和智能物流的发展，大部分的货车、拖车、垃圾车、城市保洁车等可以在夜间自动化完成，夜间交通空间利用率大大提高，对日间的交通压力起到缓解作用。而设计一体化、良好通达性、清洁、安全与高频率特性的交通服务体系是夜间交通发展的重要支撑。广州各类规划中暂无涉及夜间交通发展，建议未来规划中结合实际前瞻性地提出夜间交通相关规划内容。

5. 新能源汽车发展将促进加油站功能重构

从广州目前加油站经营范围看，除了经营油品零售业务以外，大部分加油站开展了便利店经营业务，还有小部分加油站开展了洗车、快修等服务。随着新能源汽车的不断发展，未来加油站油品业务将不断萎缩。广州应积极鼓励发展加油（气）站油品零售业与传统商业的融合发展。在加油（气）站发展便利店、洗车、快修、快递等业务，在郊区还可发展快餐、汽车旅馆等业务。借鉴国外加油站开展经营彩票、办理年审验车、汽车俱乐部网点等成功的经验，在政策允许的情况下进行积极探索。

二、进一步拓展城市社会交往功能空间

无人驾驶大大增加了各类人群出行的便利性，刺激和满足人们出行的需求，特别地将增加女性、老年人、残疾人的社会交往机会。以老年人为例，2016年年底，广州市老年人口已经达到154.6万，占户籍人口的17.8%。未来，广州市人口寿命预期不断增长，老年人群的基数不断扩大，社会交往的需求增加，各类人群的交通流动性将加大。针对特殊人群的日常购物、休闲、文化空间的社会交往环境建构与社会价值挖掘，对老年人、残疾人等摆脱孤独与寂寞，提高生活质量与幸福感具有现实意义。未来与交通无缝衔接的社会交往空间将会增加，以满足特殊人群的需求。

三、有助于改善城市生态空间

城市道路的绿化建设具有塑造城市道路美观的特点，然而，城市道路在景观建设的同时，会在一定程度上给城市交通运行带来安全隐患。广州近年来不断加大道路绿化面积，由于缺乏对道路安全性的充分考虑，带来了一定的安全隐患。未来由于无人驾驶和智能交通对环境的识别能力增强，交通安全度将大大提高，道路绿化空间将获得更多的发展空间。道路生态空间将包含车行道路、人行道路、非机动车道等空间的立体式绿化。在智能交通发展到一定程度后，车辆对绿化环境的状况采集也将为绿化管理提供大数据基础。

四、推动城市居住功能空间不断向郊区布局

随着交通空间更高效率的建设和完善，广州城市人口将进一步由

中心城区向外围郊区迁移，推动城市居住功能空间向生态环境更好的郊区布局。从人口集聚看，2015年，广州市常住人口密度最大的越秀区达到34 225人/km^2，其余依次为海珠区（17 851人/km^2）、天河区（16 046人/km^2）、荔湾区（15 596人/km^2）、白云区（3 020人/km^2）、番禺区（2 914人/km^2）、黄埔区（1 856人/km^2）、花都区（1 047人/km^2）、南沙区（837人/km^2）、增城区（693人/km^2）、从化区（317人/km^2）。与国内外其他大城市核心区相比，越秀、海珠、天河、荔湾等城市核心区人口集聚程度已达到很高水平。但白云、番禺、黄埔、花都、南沙、增城和从化的人口密度相对较低。从某种意义上看，交通就是人类用速度去置换时间和空间的过程和行为，是人类消耗其他资源（动力资源、运力资源、环境资源、信息资源和管理资源）而换取"时空资源"的行为。未来，随着交通通行速度大大加快，生活居住与工作地的通勤距离可能进一步加大，通勤时间却有可能下降，人们向非中心城区转移，生活居住品质大大提高，城市空间将进一步扩大。

第六章　新能源技术对城市功能空间的影响展望

　　本章分析新能源技术的发展历史、发展动向，以广州为例论述新能源技术对城市功能空间的影响。从总体上看，未来在新能源技术的影响下，广州城市功能空间将呈现智慧能源功能空间需求加速增长、催生新型能源产业园区空间、有助于改善城市生态功能空间品质、推动城市能源供给功能空间的重大转型等明显趋势。

第六章 新能源技术对城市功能空间的影响展望

第一节 阶段进展

新能源又称非常规能源，是指传统能源之外的各种能源形式，包括刚开始开发利用或正在积极研究、有待推广的能源，如太阳能、地热能、风能、海洋能、生物质能和核聚变能等，各种形式的新能源都是直接或者间接地来自太阳或地球内部深处所产生的热能。而新能源技术则是指新能源的生产、存储及利用技术的总称，包括核能技术、太阳能技术、风能技术、磁流体发电技术、地热能技术、海洋能技术等。其中，核能技术与太阳能技术是新能源技术的主要标志，通过对核能、太阳能的开发利用，打破了以石油、煤炭为主体的传统能源观念，开创了能源的新时代，对于解决当今世界严重的环境污染问题和资源（特别是化石能源）枯竭问题具有重要意义，对城市功能空间发展具有重要影响。

人类利用能源的进程大致经历了五个阶段（见表6-1）。在蒸汽机发明之前，都属于柴薪时代，而后逐步经历了蒸汽机时代、内燃机电力时代、新能源时代、智慧能源时代。当前智慧能源时代已经来临，可再生能源将成为主要的能源；能源生产、传输和使用也都将发生革命性变化。

表6-1 能源技术的主要发展阶段

代际	年代	能源利用方式及技术特点
柴薪时代	蒸汽机之前	以树木、杂草、木炭等可再生能源为主，还有少量水力和风力能源；无须技术，以直接利用为主，使用效率较低；以分散使用为主
蒸汽机时代	1670—1910年	以煤炭为主；技术方式上主要借助蒸汽机将热能转换为各种机械能；使用方式相对集中

（续表6-1）

代际	年代	能源利用方式及技术特点
内燃机、电力时代	1960年至今	以石油、天然气等矿物能源为主；技术方式上借助内燃机将热能转为各种机械能和电能，目前仍然是当前能源的主要来源；使用方式上集中和分散并存
新能源时代	1950—2009年	以核能、太阳能、地热能、潮汐能、水能、生物能等可再生能源为主；技术上主要借助核反应堆、光伏发电、风力发电等技术进行能源生产；使用方式逐步由集中和分散并重转向网络形式
智慧能源时代	2010年—未来	以核能、太阳能、超导能、地热能、潮汐能、水能、生物能等可再生能源为主；在新能源技术基础上借助网络信息、人工智能等技术进行能源生产、传输和使用；使用方式为分布式智能调控

美国著名未来学家杰里米·里夫金在其著作《第三次工业革命》中提出了能源互联网的新概念，认为由于化石能源的不可持续性，第二次工业革命正走向终结，未来能源体系的特征是能源生产民主化、能源分配分享互联网化和智能化（如图6-1所示），并把新能源和互联网之间结合产生的能源互联网视为即将到来的第三次工业革命的标志。

第六章　新能源技术对城市功能空间的影响展望

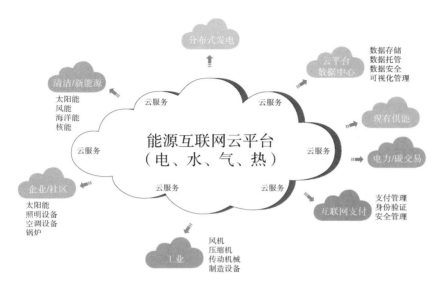

图6-1　智慧能源系统①

---

① 《博电能源互联网创新园》，见博电官网（http://www.ponovo.cn/energy/boelectric.html）。

第二节 发展动向

全球能源技术发展动态和主要能源大国推动能源科技创新的举措主要呈现以下发展动向：

一是能源技术创新进入高度活跃期，新兴能源技术正以前所未有的速度加快迭代，对世界能源格局和经济发展将产生重大而深远的影响。

二是绿色低碳是能源技术创新的主要方向，集中在传统化石能源清洁高效利用、新能源大规模开发利用、核能安全利用、能源互联网和大规模储能、先进能源装备和关键材料等重点领域。

三是世界主要国家均把能源技术视为新一轮科技革命和产业革命的突破口，制定各种政策措施抢占发展制高点，增强国家竞争力和保持领先地位。

不同类型的新能源的技术发展和应用存在较大差异，对未来广州城市功能空间可能产生的重要影响主要包括以下几种：

一是太阳能。一般指的是太阳光的辐射带来的能量。因地理位置、气候条件的不同，在不同地点和不同时间里所接受到的太阳能有所差异，目前太阳能的利用率还比较低，全球所利用的太阳能尚不及能源总消耗量的1%。由于太阳能资源十分丰富，其对环境无任何污染，太阳能利用技术的进步，可为人类创造一种新的生活形态，使人们进入一个节约能源减少污染的时代。

二是核能。它是通过转化其质量从原子核释放的能量。与传统能源相比，其优越性极为明显，有可能成为支撑未来城市发展最重要的能源。1公斤铀235裂变所产生的能量大约相当于2 500吨标准煤燃烧所释放的热量。一座装机容量为100万千瓦的火力发电站每年约需200万～300万吨原煤，大约是每天8列火车的运量，而同样规模的核电站每年仅需含铀235百分之三的浓缩铀28吨或天然铀燃料150

吨。地球上能够用于核聚变的氘和氚的含量十分丰富，可供人类使用上千亿年。因此有专家认为，如果解决了核聚变技术的难题，那么人类能从根本上解决能源问题。

三是风能。它是地球表面大量空气流动所产生的动能。在自然界中，风是一种可再生、无污染而且储量巨大的能源。随着全球气候变暖和能源危机，各国都在加紧开发和利用风力，尽量减少二氧化碳等温室气体的排放，对保护环境有积极意义。

四是氢能。它是通过氢气和氧气反应所产生的能量。氢能被称为人类的终极能源。如把海水中的氢全部提取出来，将是地球上所有化石燃料热量的 9 000 倍。目前，氢能技术在美国、日本、欧盟等国家和地区已进入系统实施阶段。

五是生物质能。它是指能够当作燃料或者工业原料的有机物，也包括以生物可降解的废弃物制造的燃料。生物质能的商业应用大多是利用那些因其他原因已被收集起来的现成材料，目前很多国家都在积极研究和开发利用生物质能。

第三节　应用状况与应用前景

一、应用状况

能源是支撑城市运作的关键系统之一，新能源技术的广泛应用有效改善了城市以往能源生产方式过于单一、空间过于集中、调度功能简单的状况。随着新能源技术在全市各领域的广泛应用，广州逐渐改变了依靠煤炭和石油为主的能源消耗结构，不断推进涵盖天然气、太阳能光伏发电、生活垃圾焚烧发电等类型的新型城市能源体系建设，使之成为支撑广州城市空间快速扩展的重要保障。截至2015年，广州建成天然气管网7 943.76千米，燃气气化率达到99.7%，全市天然气消费总量超过20亿立方米。2005年开始运行的李坑生活垃圾焚烧发电厂是国内第一个也是唯一一个采用中温次高压参数的焚烧发电厂，这种垃圾处理方式不仅有效解决了广州因城市生活居住空间快速扩张带来的大量生活垃圾的问题，而且成为广州重要的一种新型能源生产方式。

广州传统的电网是一个刚性系统，电源的接入与退出、电能的传输等都缺乏弹性，难以为高容积率功能空间提供稳定的电力供应，而智能电网成为一种有效的解决方案。广州于2013年在萝岗区九龙镇九龙工业园内建成了首个基于110千伏云平变电站的智能电网，这是广州市首座投入运行的20千伏出线变电站，与10千伏供电模式相比，有利于提升每回电缆的供电能力和供电范围，节约电缆走廊。

二、应用前景

根据广州现有的新能源资源现状，广州可开发利用的新能源依次为水能、太阳能、风能和生物能。其中，水能、太阳能、风能属于资源型能源，开发利用难度不大；而生物能属于技术型能源，需要先进的新能源技术支持，开发利用有一定难度。广州应充分挖掘水能的潜在优势，更高效率开发增城和从化区域范围的内河水能，注重南部海洋能、潮汐能、波浪能的开发。广州全年日照时间在2 200小时以上，太阳能资源具有日照时间长、辐射总量大、平均每年阴天只有80天三大优势，具备进行太阳能光伏发电的自然条件。根据广州电网公司公布的测试显示：房顶过百平方米的太阳能板装机容量有16千瓦，太阳光充足的情况下，1小时能发16度电，1天能发80度电，基本能解决1栋10层高居民楼的公共用电需求。到2015年年底，广州分布式光伏发电项目总规模达150兆瓦，太阳能集热板安装面积超过40万平方米。未来，广州地区太阳能的开发利用应借鉴国内外城市的经验措施，通过税收等政策扶持太阳能开发利用，开发推广太阳能发电、储能产品，把太阳能落实到社区居民生活及相关基础设施中，争取大型公共建筑能够采用太阳能和热泵集中供热水系统。对于风能，广州地处广东中南部，总体风力资源不理想，应借助新能源技术积极开发南沙、万顷沙沿海一带的风能，利用风能作动力带动各种机械装置或者进行风力发电。居住楼房、商业办公楼、大型公共建筑等高容积率的功能空间，其建筑物顶部和其他表面非常适合进行太阳能光伏发电，配合储能设备，为这些高容积率建筑物提供能源。

第四节　对广州城市功能空间的影响展望

未来，在新能源技术影响下，广州城市功能空间将呈现以下几个明显趋势。

一、智慧能源功能空间需求加速增长

城市智慧能源系统建设将不断提速，为城市功能空间的高效率运行提供多样化能源保障。结合广州本地自然资源优势，加快新能源技术在水能、太阳能、风能、生物能等新能源领域的开发力度；借助新一代网络信息技术、人工智能、大数据等技术，优化电网结构和组团化布局，完善配电网络结构，提高配电网络智能化水平和用户需求侧管理水平，推进覆盖全市的智慧能源系统建设。以从化明珠工业园、中新广州知识城、南沙等新能源微电网示范项目建设为契机，探索建立容纳高比例波动性可再生能源电力的发配储用一体化的微电网系统，探索微电网电能服务的新型商业运营模式和新业态，全面促进分布式能源发展，为全市各种城市功能空间的高效率运行提供多样化能源保障。

二、催生新型能源产业园区空间

新能源技术的广泛应用，催生了以新能源为重点的新兴产业园区。紧抓新能源快速发展和广泛普及的新机遇，广州将结合在新能源产业领域的基础，重点推动中新广州知识城、广州科学城、番禺节能科技园、南沙核电装备产业园等节能低碳园区建设，建设一批以新能源技术装备开发为重点的新兴产业园区。其中，以中新广州知识城、广州科学城为依托，重点发展生物质能、热泵、智能电网等新能源产

业，推动智能电表、智能配电网等新科技应用，建设成为全国性新能源产业化示范基地；加强南沙核电装备产业园区建设，重点发展核岛主设备部件、常规岛主设备部件以及相关配套设备的研发和生产，打造国内先进的核电装备供应基地；培育番禺节能科技园、广州市节能和新能源（白云）产业基地、白云电器装备制造产业基地、南沙新区等节能产业园，重点发展节能装备制造、高效节能电器、节能综合服务等产业，推动余热锅炉、高效燃气轮机、燃气窑炉、节能型窑炉等高效节能设备和先进调速电机、自动控制能源系统、电机拖动装置等高效节能电气的应用，打造成为国内先进的高效节能设备制造基地；扶持广汽集团生产具有自主知识产权的新能源汽车，大力推进广汽智联新能源汽车产业园发展。因此，可以预见，广州新型能源产业园区将逐步兴起。

三、有助于改善城市生态功能空间品质

新能源技术在城市垃圾焚烧发电领域的应用不断深入，为优化生产生态空间提供保障。充分结合广州市第一资源热力电厂多年的运营经验，进一步强化新能源技术的应用，加快垃圾资源化处理，加快建成广州市第三资源热力电厂（萝岗）、广州市第四资源热力电厂（南沙）、广州市第五资源热力电厂（花都）、广州市第六资源热力电厂（增城）、广州市第七资源热力电厂（从化）、李坑综合处理厂、萝岗生物质综合处理厂等一批大型生活垃圾处理设施，提升生活垃圾全过程资源化利用水平等，为优化未来广州城市生态空间提供保障。同时，随着新能源技术在广州各领域的广泛应用，城市经济社会发展对能源的使用方式将发生显著变化，节能减排的效应将更加明显。2015年，广州全市能源消费总量为5 689万吨标准煤，单位工业增加值能耗比2010年下降39.2%，能效提升显著，但仍有很大的改进余地。未来需要积极应用新的能源技术，推进照明设备、空调系统、电梯、灶具、用水器具等主要用能系统实施节能改造。鼓励采用合同能源管理模式对老旧建筑物进行节能改造和升级，支持有条件的既有建筑按

照绿色建筑标准实施绿色化改造。

四、推动城市能源供给功能空间的重大转型

借助新能源技术可增加城市功能空间获取新型清洁能源的途径。未来城市能源供给将出现智能化、高效率及多样化的趋向。随着太阳能、水能等技术的重大突破，未来城市能源将可能出现新的能源生产和供给方式。如以生活居住空间为重点，以国家机关办公建筑、商业办公建筑、综合购物广场、宾馆饭店等大型公共建筑为辅，建设建筑物光伏发电和微型储能设施，建设家庭级、城市级的能源互联网，将有力推动实现城市能源生产和供给的分布式布局，这将对城市功能空间的整体布局产生重大影响。目前比较典型的案例是：法国某火车站外一段路面铺设了14块发电地砖，将行人踩踏地面的动能转化成电能供给火车站，据预测可节省30%的用电量，实现能源的绿色生产和能源生产空间的遍在性。与此同时，传统能源供给、储存空间如发电站等将可能萎缩和转型。

第七章　新材料技术对广州城市功能空间的影响展望

　　本章分析新材料技术的发展历史、发展动向，以广州为例论述新材料技术对城市功能空间的影响。从总体上看，新材料技术对广州城市功能空间的影响是通过其他各项技术和产业在城市的具体应用中体现出来的，其影响是全方位的，可能渗透城市建设发展的方方面面。新材料技术的变革，将改变原有材料的特性或者产生新的材料，使材料具有更多人类社会所希望的特殊性能。在这种情形下，传统影响城市功能空间的因素被赋予了新的内涵，新的影响因素开始产生，新旧因素共同作用引起了城市产业空间、城市生活居住功能的重构。

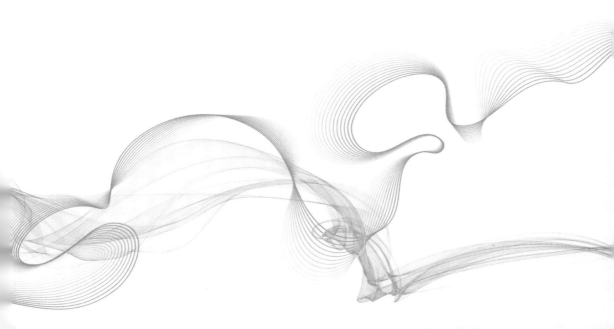

第七章 新材料技术对广州城市功能空间的影响展望

第一节 阶段进展

一、发展阶段

材料技术创新是科技革命的重要内容。其发展大致经历了三个阶段（见表7-1）。第一阶段（18世纪60年代—20世纪中期）是钢材发展阶段，它以制钢工业材料的发展为主要标志，包括金属材料（有色和黑色）、有机材料、无机非金属材料等一系列材料的发展，为第一次工业革命奠定了重要的物质基础。第二阶段（20世纪70年代—21世纪初）是单晶硅材料发展阶段。这一阶段，单晶硅和其他化合物半导体材料的发展起着先导和核心作用，推动微电子工业在世界范围内的形成和发展，助力形成第二次工业革命。第三阶段（21世纪初至今）是材料科学的交叉融合阶段。进入21世纪，新材料技术发展越来越依赖于多学科的交叉。光电子材料、纳米材料、超导材料、贮能材料、医用生物材料、仿生材料、生物模拟、智能材料等各种类型的材料应运而生。这些材料具有高比强度、高比刚度、耐高温、耐腐蚀、抗磨损的特性，在生物学、医学、电子学、光学等领域得到广泛应用。

表7-1 材料技术的主要发展阶段

代际	年代	阶段性特征
第一阶段	18世纪60年代—20世纪中期	钢材发展阶段：以制钢工业材料的发展为标志，为18世纪以蒸汽机的发明和应用为代表的第一次世界工业革命奠定了重要的物质基础
第二阶段	20世纪70年代—21世纪初	单晶硅材料发展阶段：单晶硅和其他化合物半导体材料起着先导和核心的作用。极大地促进了以电子技术（特别是微电子技术）的发明和应用为代表的第二次世界工业革命，推动微电子工业在世界范围内的形成和发展

(续表 7-1)

代际	年代	阶段性特征
第三阶段	21 世纪初至今	材料科学交叉融合阶段：新材料技术发展越来越依赖于多学科的交叉，新材料与信息、能源、医疗卫生、交通、建筑等产业结合越来越紧密，材料科学工程与其他学科交叉领域和规模都在不断扩大。特别是纳米技术的发展，加速了新材料多学科的交叉，在生物学、医学、电子学、光学等领域更为凸显

二、新材料类型

新材料种类繁多，从材料的用途上可分为信息材料、航空航天材料、核材料、建筑材料、能源材料、生物材料等。更常见的两种分类法则是结构材料和功能材料、传统材料与新型材料。考虑本书研究主题，重点介绍复合新材料、超导材料、能源材料、智能材料、磁性材料、纳米材料等①，这些新材料将对未来城市功能空间产生重要影响。

1. 复合新材料

复合新材料类型较多而且人类使用的历史较长，从古至今沿用的稻草增强黏土和已使用上百年的钢筋混凝土均由两种材料复合而成。复合材料这一专业术语来源于 20 世纪 40 年代，因航空工业的需要发展了玻璃纤维增强塑料，由此出现复合材料这一名称，随后陆续发展了碳纤维、石墨纤维和硼纤维等高强度和高模量纤维。到 20 世纪 70 年代，出现了芳纶纤维和碳化硅纤维，这些高强度、高模量纤维能与合成树脂、碳、石墨、陶瓷、橡胶等非金属基体或铝、镁、钛等金属基体复合，构成各具特色的复合材料。

---

① 《新材料》，见百度百科（https://baike.baidu.com/item/新材料/4898312）。

2. 超导材料

当温度下降至某一临界温度时,有些材料的电阻完全消失,这种现象称为超导电性,具有这种现象的材料称为超导材料。超导体的另外一个特征是:当电阻消失时,磁感应线将不能通过超导体,这种现象称为抗磁性。超导电性和抗磁性是超导体的两个重要特性。使超导体电阻为零的温度称为临界温度。超导材料研究的难题是突破"温度障碍",即寻找高温超导材料。以 NbTi、Nb3Sn 为代表的实用超导材料已实现了商品化,在核磁共振人体成像(NMRI)、超导磁体及大型加速器磁体等多个领域获得了应用;SQUID 作为超导体弱电应用的典范已在微弱电磁信号测量方面起到了重要作用,其灵敏度是其他任何非超导的装置无法达到的。但是,由于常规低温超导体的临界温度太低,必须在昂贵复杂的液氦(4.2K)系统中使用,因而严重地限制了低温超导应用的发展。超导材料最诱人的应用是发电、输电和储能。

3. 能源材料

能源材料主要有太阳能电池材料、储氢材料、固体氧化物电池材料等。其中,太阳能电池材料是新能源材料,IBM 公司研制的多层复合太阳能电池,转换率高达 40%。氢是无污染、高效的理想能源,氢的利用关键是氢的储存与运输,美国能源部在全部氢能研究经费中,大约有 50%用于储氢技术。氢对一般材料会产生腐蚀,造成氢脆及其渗漏,在运输中也易爆炸,储氢材料的储氢方式是能与氢结合形成氢化物,当需要时加热放氢,放完后又可以继续充氢。储氢材料多为金属化合物,如 LaNi5H、Ti1.2Mn1.6H3 等。固体氧化物燃料电池的研究十分活跃,关键是电池材料,如固体电解质薄膜和电池阴极材料,还有质子交换膜型燃料电池用的有机质子交换膜等。

4. 智能材料

智能材料是继天然材料、合成高分子材料、人工设计材料之后的第四代材料,是现代高技术新材料发展的重要方向之一。国外在智能材料的研发方面取得了很多技术突破,如英国宇航公司的导线传感器,被用于测试飞机蒙皮上的应变与温度情况;英国开发出一种快速反应形状记忆合金，寿命期具有百万次循环，且输出功率高，以它作制动器时，反应时间仅为10秒钟；形状记忆合金还已成功地应用于卫星天线、医学等领域。另外，还有压电材料、磁致伸缩材料、导电高分子材料、电流变液和磁流变液等智能材料驱动组件材料等功能材料。

5. 磁性材料

磁性材料可分为软磁材料和硬磁材料两类。其中，软磁材料是指那些易于磁化并可反复磁化的材料，但当磁场去除后，磁性即随之消失。这种材料在电子技术中广泛应用于高频技术，如磁芯、磁头、存储器磁芯；在强电技术中可用于制作变压器、开关继电器等。常用的软磁体有铁硅合金、铁镍合金、非晶金属。永磁材料（硬磁材料）是指永磁材料经磁化后，去除外磁场仍保留磁性，其性能特点是具有高的剩磁、高的矫顽力。利用此特性可制造永久磁铁，可把它作为磁源。如常见的指南针、仪表、微电机、电动机、录音机、电话及医疗设备等方面。永磁材料包括铁氧体和金属永磁材料两类。

6. 纳米材料

纳米材料是指在三维空间中至少有一维处于纳米尺寸（0.1～100纳米①）或由它们作为基本单元构成的材料。纳米材料是纳米科技领域中最富活力、研究内涵十分丰富的科学分支。用纳米来命名材料始于20世纪80年代，纳米材料是指由纳米颗粒构成的固体材料，其中纳米颗粒的尺寸最多不超过100纳米。纳米材料的制备与合成技术是当前主要的研究方向，虽然在样品的合成上取得了一些进展，但至今仍不能制备出大量的块状样品，因此研究纳米材料的制备对其应用起着至关重要的作用。

---

① 1纳米＝1毫微米（即十亿分之一米）。

第二节　发展动向

新材料作为高新技术产业的重点领域，其发展随着相关产业技术的进步，在广度和深度上得到不断深化，当前重点发展方向是信息材料、生物医用材料、新能源材料、航空航天材料、生态环境材料、纳米材料、超导材料等领域，上述七大新材料领域在全球范围内发展较为迅速。新材料技术在发展过程中主要呈现出了以下特点。

一、新材料结构功能的复合化

随着新材料技术发展不断加快，它与其他学科领域交叉结合也越来越紧密，尤其是与信息、能源、医疗卫生、交通、建筑产业应用领域的结合呈现出复合重构的特点。一些新材料结构功能上表现出轻质、高强高韧、耐高温、耐腐蚀、耐磨损、多功能化、低成本和环境友好等多样特性，高性能、低成本、长寿命的结构材料成为新材料技术发展的重要动向。如齿条钢特厚板、大壁厚半弦管、大规格无缝支撑管、钛合金油井管、X80级深海隔水管材及焊材、大口径深海输送软管、极地用低温钢等材料技术在海洋工程平台的发展应用，将支撑和改变大规模海洋工程的设计、制造等各个环节。因此，其发展也进一步沿着材料设计—制造—评价一体化、结构功能一体化渐次地横向扩展。

二、新材料技术的智能化

在现代信息技术和仿生技术不断进步的推动下，新材料技术逐渐向智能化方向发展。这些材料能够随着环境的变化调节自身的功能和特性。如一些新材料在计算机的辅助下，将新材料与零部件设计、材料合成制备以及组织性能等进行实时在线监测、控制；一些新材料，如生态环境材料、生物医用与仿生材料（包括形状记忆合金、智能高分子材料、磁感应材料）、纳米特种功能材料等具备了一些生物智能的传感和传动特性；运用新材料可以制造新型的微型机器人和超大规模的机器人，其智能化的程度既可深入微观领域，也可延伸至广阔的时空范围，从而替代人类无法进入的时空领域。

三、材料与器件的集成化

新材料技术的发展不仅只是材料自身的变化，而且还是材料与器件的高度集成。这在信息材料领域表现最为明显，信息材料的发展不断朝着微型化、多功能化集成，并形成新的模块器件。如大尺寸硅材料、大尺寸碳化硅单晶、高纯金属及合金溅射靶材等新材料技术的应用，将促进极大规模集成电路的集成。又如基于新材料石墨烯的传感器、触控器件、电子元器件等类型期间的集成化发展趋势也十分明显。

四、新材料制备和使用过程的绿色化

绿色、低碳成为新材料发展的重要趋势。以新能源为代表的新兴产业崛起，引起电力、建筑、汽车、通信等多个产业发生重大变革，拉动上游产业如风机制造、光伏组件、多晶硅等一系列制造业和资源加工业的发展，促进智能电网、电动汽车等输送与终端产品的开发和生产。欧美等发达国家已经通过立法促进节能建筑和光伏发电建筑的发展。目前，欧洲80％的中空玻璃使用LOW-E玻璃，美国LOW-E中空玻璃普及率达82％；建筑光伏装机容量也不断提高。通过提高新型结构材料强韧性、提高温度适应性、延长寿命以及材料的复合化设计，既可降低成本，也可提高质量，如T800碳纤维抗压缩强度（CAI）达到350 MPa，使用温度达到400 ℃以上并在大型飞机和导弹的主结构件中得到大量应用。绿色、低碳的新材料技术及产业化将成为未来发展的主要方向，在追求经济目标的同时更加注重资源节约、环境保护、公共健康等社会目标。

五、新材料发展和生态环境及资源的协调性备受重视

面对资源、环境和人口的巨大压力，世界各国都在不断加大生态环境材料及其相关领域的研究与开发的力度，纷纷在新材料领域制定了相应的规划（见表7-2），全面加强研究开发，并在市场、产业环境等不同层面出台政策。材料的生态环境化是材料及其产业在资源和环境问题制约下满足经济可承受性、实现可持续发展的必然选择。开发新材料将更加重视从生产到使用的全过程对环境的影响以及资源保护、生产制备过程的污染和能耗、使用性能和回收再利用的问题。生态环境材料的特征是具有优异的使用性能并能节省资源、对环境污染小和再生利用率高，目的是实现资源、材料的有机统一和优化配置，达到资源的高度综合利用以获得最大的资源效益和环境效益，为形成循环型社会的材料生产体系奠定基础。

表7-2 世界各国有关新材料领域的发展计划

国家	发展计划	涉及新材料相关领域
美国	先进制造业国家战略计划、重整美国制造业政策框架、先进制造伙伴计划（AMP）、纳米技术签名倡议、国家生物经济蓝图、电动汽车国家创新计划（EV Everywhere）、"智慧地球"计划、大数据研究与开发计划、下一代照明计划（NGLI）、低成本宽禁带半导体晶体发展战略计划	新能源材料、生物与医药材料、环保材料、纳米材料，先进制造、新一代信息与网络技术和电动汽车相关材料，材料基因组，宽禁带半导体材料

（续表 7-2）

国家	发展计划	涉及新材料相关领域
欧盟	欧盟能源技术战略计划、能源 2020 战略、物联网战略研究路线图、欧洲 2020 战略、可持续增长创新、欧洲生物经济、"地平线 2020"计划、彩虹计划、OLED100.EU 计划、旗舰计划	低碳产业相关材料、信息技术（重点是物联网）相关材料、生物材料、石墨烯等
英国	低碳转型计划、英国可再生能源发展路线图、技术与创新中心计划、海洋产业增长战略、合成生物学路线图、英国工业 2050	低碳产业相关材料、高附加值制造业相关材料、生物材料、海洋材料等
德国	能源战略 2050：清洁可靠和经济的能源系统、高科技战略行动计划、2020 高科技战略、生物经济 2030 国家研究战略、国家电动汽车发展规划、工业 4.0	可再生能源材料、生物材料、电动汽车相关材料等
法国	环保改革路线图、未来十年投资计划，以及互联网：展望 2030 年	可再生能源材料、环保材料、信息材料、环保汽车相关材料等
日本	新增长战略、信息技术发展计划新国家能源战略、能源基本计划、创建最尖端 IT 国家宣言、下一代汽车计划、海洋基本计划	新能源材料、节能环保材料、信息材料、新型汽车相关材料等
韩国	新增长动力规划及发展战略、核能振兴综合计划、IT 韩国未来战略、国家融合技术发展基本计划、第三次科学技术基本计划	可再生能源材料、信息材料、纳米材料等
俄罗斯	2030 年前能源战略、2020 年前科技发展、国家能源发展规划、到 2020 年生物技术发展综合计划、2018 年前信息技术产业发展规划、2025 年前国家电子及无线电电子工业发展专项计划、2030 年前科学技术发展优先方向	新能源材料、节能环保材料、纳米材料、生物材料、医疗和健康材料、信息材料等

(续表 7-2)

国家	发展计划	涉及新材料相关领域
巴西	低碳战略计划、2012—2015年国家科技与创新战略、科技创新行动计划	新能源材料、环保汽车、民用航空、现代生物农业等相关材料
印度	气候变化国家行动计划、国家太阳能计划、"十二五"规划（2012—2017年）、2013科学、技术与创新政策	新能源材料、生物材料等
南非	国家战略规划绿皮书、新工业政策行动计划、2030发展规划、综合资源规划	新能源材料、生物制药材料、航空航天相关材料等

第三节　应用状况与应用前景

一、应用状况

新材料技术的应用涵盖广州城市经济社会发展的各个领域。在交通方面，传统的铸铁材料、低碳钢仍占据主导地位，镁材、铝材、塑料等新材料所占比重越来越大，这些新材料已用于生产车架、车身立体构架、保险杠、承载构架、排气管和发动机支承等，大大降低了生产成本。

随着新兴产业的不断涌现，大量工业逐渐走向衰落，出现一些旧厂房，而借助信息技术、新材料等技术能够对这些旧厂房进行升级改造，成为全新的创意文化园区。如广州T.I.T纺织服装创意园和信义会馆就是由旧厂房升级改造而来。这些文创产业园在现代科技的帮助下，使用新型建筑材料对其进行改造，继续保有其工业遗产价值、历史文化价值的同时，吸引建筑设计、工业设计、时尚设计等企业入驻，更有助于体现广州和宣传广州城市文化，推动城市人居文化氛围的营造。

二、应用前景

随着未来新材料技术的深入发展，新材料将更加广泛地深入各个行业和领域之中。结合广州的主导产业发展方向、城市功能战略定位，广州将大力实施IAB计划，推动新一代信息技术、人工智能和生物医药产业蓬勃发展；并努力将广州建设成为国际综合交通枢纽、国际航空枢纽、国际航运枢纽和国际科技创新枢纽。结合广州市情以及科技、产业基础，按照各个产业的市场需求、技术经济效应、产业带动前景，确定新材料产业发展重点。广州现阶段应重点突破关键基础材料的核心技术、关键技术和共性技术；优先发展壮大改性高分子材料产业，加快高性能 PAN 基碳纤维、二氧化碳全降解塑料的产业化进程，大力发展新型金属材料、新型电子材料、新型精细化学品等优势产业，积极培育新型光电信息材料、生物医用材料、新能源材料、环保节能建材等新兴材料产业群。可以预见，信息材料、生物医用材料、新能源材料、航空材料、生态环境材料、纳米材料、超导材料都将有可能在广州得到比较普遍的应用。

第四节 对广州城市功能空间的影响展望

新材料技术作为基础性技术正逐渐被广泛和深入渗透到人们生产和生活的各个领域，引起人们工作生活方式、城市生态等方面的变化。新材料技术对广州城市功能空间的影响是通过其他各项技术和产业在城市的具体应用中体现出来的，其影响是全方位的，可能渗透城市建设发展的方方面面。新材料技术的变革能改变原有材料的特性或者产生新的材料，使材料具有更多人类社会所希望的特殊性能。因此，新材料技术的普遍应用，将在很大程度上改变城市填充物的组成，推动新材料、新产品、新业态和新产业的形成发展，进而实现城市功能空间的更新和演变。在这样的情形下，影响城市功能空间的传统因素被赋予了新的内涵，新的影响因素开始产生，新旧因素共同作用引起了城市产业空间、城市生活居住功能的重构。概而言之，新材料技术对城市功能空间的影响主要表现在以下六个方面。

一、新材料技术催生新产业空间

新材料是高新技术产业发展的基础支撑，也是新经济的基石。其发展潜力巨大，影响也是巨大的。新材料技术本身也是世界上公认的六大高技术领域之一，新材料的出现带动的新产业革命更是涵盖几乎所有的制造业领域和服务产业。世界发达国家争夺科技创新和产业发展的先机，纷纷将新材料产业放到重要战略地位来优先发展，积极抢占新材料领域的国际竞争制高点。广州目前的汽车、石化、电子三大工业支柱产业的发展和创新部分地依赖于新材料技术的变革，而新一代信息产业、人工智能和生物医药产业的发展都将孕育于新材料技术的变革。未来自修复、自洁的智能材料，可以回到其原来形状的记忆金属，可用于从压力中获取能量的压电陶瓷，以及结构和电气性能卓越的纳米材料等各种新材料的发明创造,将会影响和唤起广州新一轮的产业革命,进而催生广州新产业空间的形成。在新科技革命的背景下,未来广州要在国际竞争中占有主动地位,必须把握技术变革的大趋势,对标国际先进城市,加大前沿科学研究投入力度,明确未来一个时期新材料科技创新的重点方向,加快推进一批重大科技创新工程和产业技术项目,促进新材料产业与城市主导产业的互促发展,壮大相关产业功能空间。

二、赋予城市功能空间新的特性

由于建筑材料在城市建设中使用量大、覆盖面广、规格多,建筑材料对城市功能空间的形成和特性产生明显的影响。新型建筑材料作为城市建设的基本物质基础,对城市功能空间的形成和建设产生直接影响。新型建筑材料技术变革将会对城市功能空间的特性产生遍在性影响:

(1)促进城市功能空间朝大型化、复合化发展。随着具有极高强度耐冲击性、耐疲劳性、耐腐蚀性、耐磨耗等力学性能的新型建筑材料的出现,如高耐久性混凝土、钢骨混凝土、防锈钢筋、防虫蛀材料等的研发和应用,使城市超高层建筑、大型水利设施、海底管道、海底隧道等大型复杂建筑工程得以在更大范围实现,使城市功能空间的体量更大、范围更广、功能更加多样。

(2)新型建筑材料的使用提高了城市功能空间的智能化水平。一些能够自我诊断、预告破坏并具有自我调节和自我修复能力的新型建筑材料的使用,将更加突出地推动城市发展的智能化。一旦此类智能化建筑材料内部发生任何异常变化,可将材料内部状况及时、完整地反映出来。智能化的新型建筑材料与其他智能化城市功能相结合将可营造出更加智能化的城市。

(3)新型建筑材料技术的变革将赋予城市功能空间更多新的特性。新型建筑材料的使用,如新兴墙体材料、新型保温隔热材料、新型防水密封材料、新型装饰装修材料的使用,将使城市建筑具有防潮、防火、环保、保温、灭菌等新的特性。新型的化学建材产品，如排水管、给水管、热水供应和供暖管等新型塑料管材，与传统的铸铁管、镀锌钢管相比，明显具有较好的防腐蚀性能、自重轻、施工方便、生产能耗低的特点，不含甲醛和放射性物质，并具有杀菌、调节空气的多功能复合装饰装修材料的使用，将使城市整体功能空间更加符合人类健康的需要。

三、颠覆城市功能空间建设的新概念

新型建筑材料的使用将可能变革城市功能空间的建设模式。如一些新型的混凝土结构、钢结构和现代木结构等新型墙体材料的应用，使城市功能空间的塑造出现装配化、组合化的趋向，出现"装配城市""组装式建筑"等城市空间建筑新观念。智能化建筑材料的广泛应用，将与产业发展空间、居住生活空间、文化休闲空间、公共服务空间、交通网络空间、商贸服务空间等紧密结合，形成"智能型城市"，从而也形成新的城市综合体。在城市空间构成上，也将发生新的变化，城市无机建筑材料将与现代生物技术支撑下的有机材料、纳米材料相结合，推动实现城市功能向细微化方向发展，形成更多的不同空间尺度的"组合仿生功能"。在城市功能组合上，开发更多能减轻环境污染，促进生态平衡的材料，促进"环保型城市"建设；同时，通过新能源新材料的应用，在"分子制造"理念下，碳纳米管、新型碳纤维等新材料技术的研发应用将更加深入。随着电子信息技术、材料技术等新科技在文化领域的深入应用，传统纸质的文化材料被压缩成不同介质的电子信息，使得空间有限的图书馆、文化站就能够存储海量书籍信息，延伸了传统图书馆、文化站、博物馆等城市文化的功能空间。

四、城市功能空间绿色化更有可能

新材料技术总体上将更具有绿色环保的特征。深入广泛地应用新材料技术,将带来城市生产的绿色化,保护城市环境,缓解能源短缺,治理城市环境污染,促进城市生态环境的可持续发展。如能源生产中光伏材料的应用,使能源生产更加符合绿色环保的理念;T800碳纤维材料的应用,可以提高材料强韧性、提高温度适应性、延长寿命;同时也将带来城市建设的绿色化。在城市建设中采用绿色建材,如建筑玻璃、屋顶、外围以及墙体等,使用节能而又环保的新材料,不仅有利于能源使用的减少,还能够符合可再生资源的使用原则,从而使建筑舒适与节能得到有机地整合,进一步为人们提供更加优质的生活和工作环境。同时,在"绿色建筑"中运用清洁生产技术,大量使用城市生产生活产生的固态废弃物,从而减少天然资源和能源的使用。如大量使用建筑垃圾、工业废渣、粉煤灰、石膏、复合墙体材料以及农业废渣等,能够减少资源和能源消耗,最大化地降低环境污染,还能起到对城市环境治理的功效。另外,使用不含危害人体健康和污染环境物质的新材料,采用具有防射线、抗静电、抗菌、防霉、调温等功能的新材料,生产具有多种功能产品。推动节能新材料广泛的应用,重视交通基础设施建设运营中资源循环利用,加强钢材、水泥、木材、砂石料等主要建材的循环利用,大力推广应用节水节材建设和运营工艺,实现资源的减量化。

五、推动城市功能空间的低碳化

新材料技术将促使城市功能空间朝低碳化方向演进,建设更多的低碳、零碳城市功能空间。一方面,新材料产业通过技术性节能减排,即通过样品的低碳化技术创意、产品研发的低碳化技术创新和商品的低碳化技术创造,优先开发利用新能源材料、可再生能源材料和清洁能源材料,加速节能减排技术和二氧化碳收集储存技术等的产业化应用,以技术革命实现新材料产业整体低碳化附加值的提高和在产业价值链上的竞争力的增强;另一方面,新材料产业还通过结构性节能减排,即通过大力发展低能耗、低排放、低污染、高效率、集约型的低碳链新材料产业,不断调整优化产业结构,大力发展具有资源再利用、产业再循环的价值链比较优势的新材料产业，开辟低碳经济新的增长点，并降低碳排放强度，实现新材料产业发展与低碳排放的双重效应。

六、新材料技术推动城市功能空间的跨界融合

新材料技术及其相应产业的发展带来"六化"现象，即材料发展低维化和复合化、结构功能一体化、功能材料智能化、材料与器件集成化、制备及应用绿色化趋势明显。新材料作为高新技术的重要组成部分，是高新技术产业发展的基础和先导，对诸多高新技术来源具有牵引和带动作用，是现代工业的共性关键技术之一。新材料技术与信息技术、生物技术、能源技术相互融合，形成跨学科、跨领域发展态势，对其他产业发展起到较好的推动和支撑作用，推动产业纵向联合、协同发展。因此，国外很多先进企业十分重视行业的空间系统布局，产业链向下游应用延伸，上下游产业在地理空间上纵向联合，形成行业垄断。新材料技术的发展将会使更微型化、智能化、多功能、环境友好、使用寿命更长且更具个性化特征的产品、组件及整体系统的实现成为可能。这些产品和技术不仅可以满足日益增长的生物技术与信息技术的需求，而且可以对制造业、供给系统及个人生活方式的进步产生不可估量的作用。新材料技术可以应用在智能衣服、个人识别及安全系统、应候性建筑及车辆等。另外，材料的供能系统、传感系统及传动系统的集成发展，可以使更新、更复杂的机器人制造、遥控传输体系及仿生技术的发展成为可能。

第八章　现代生物技术对广州城市功能空间的影响展望

　　本章分析现代生物技术的发展历史、发展动向，以广州为例论述现代生物技术对城市功能空间的影响。从总体上看，现代生物技术的创新和应用，既可改变现代城市空间的地表植被构成，又可形成城市经济产业的主要发展方向，还可改变城市各个功能空间的相互关系，形成现代生物技术支撑下的深度智能城市空间。随着农业生物技术、医学生物技术、食品生物技术、能源生物技术、环境生物技术等蓬勃发展，城市功能空间将出现新的图景。

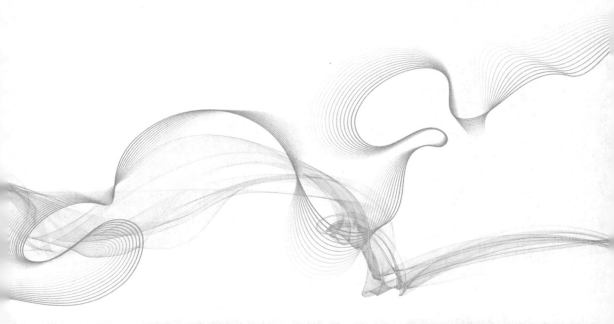

第八章　现代生物技术对广州城市功能空间的影响展望

第一节　阶段进展

一、发展阶段

生物技术的发展几乎伴随着人类发展进步的全过程。其发展大致经历了传统生物技术、近代生物技术和现代生物技术三个发展阶段（见表8-1）。在传统生物技术阶段，主要以驯养技术、种植技术、酿造技术等为代表。20世纪40—70年代为近代生物技术阶段，这一时期以20世纪40年代抗菌素的提取、50年代氨基酸的发酵、60年代酶制剂工程为标志，以微生物发酵技术为主要技术特征。抗生素工业、氨基酸发酵和酶制剂工程相继得到发展，细胞工程相关技术日臻完善。20世纪70年代后，生物技术发展进入现代生物技术发展阶段。这一阶段主要以生命科学为基础，以重组DNA技术、分子克隆、生物基因组为标志，借助和利用生物（或生物组织、细胞及其他组成部分）的特性和功能，并融合计算机技术、生物芯片技术、化学合成技术、纳米技术、高通量筛选技术等，设计制造具有特定生物性能的新物质或新品系，或者采用工程原理加工生产生物产品或提供服务。现代生物技术发展是新科技革命的重要内容，有人认为新科技革命有可能是一次"新生物学和再生革命"，不仅有可能改变一般的生物种群，而且有可能改变人类自身，甚至实现人类生命个体的"永生"。为了解决人类对粮食和肉类的需求，研究生产出高品质和高产的农畜产品；进行基因诊断，寻找新的治疗方法和人体器官替代置换新手段，研发新药和治疗各种疾病的个性化药品；建立各种新生产技术体系，培育发展环保型农业，运用生物技术有效处理废弃物，推动社会走上环境协调型发展道路，因此，生物技术的发展对于解决人与自然环境协调依存问题、实现人类舒适生活，具有重大而长远的战略意义。

表8-1 生物技术的主要发展阶段

代 际		时间	生物技术进展
传统生物技术		20世纪以前	以驯养技术、种植技术、酿造技术等为代表
近代生物技术		20世纪40—70年代	以20世纪40年代抗菌素的提取、50年代氨基酸的发酵、60年代酶制剂工程为标志,以微生物发酵技术为主要技术特征。抗生素工业、氨基酸发酵和酶制剂工程相继得到发展,细胞工程相关技术日臻完善
现代生物技术	第一代	20世纪70—80年代	从近代原始生物科技逐步发展到以重组DNA技术和分子克隆为标志的现代生物技术阶段
	第二代	20世纪90年代	生物基因组学得到发展,逐渐从个体基因研究过渡到以生物系统基因组为研究对象
	第三代	21世纪以来	现代生物技术交叉和渗透自然科学的各学科之中

二、现代生物技术主要应用领域

现代生物技术类型丰富多样,在农业、医药、工业生物、环境生物、海洋生物等领域获得了广泛应用。

1. 农业生物技术

随着生物技术在农业发展领域中取得了重大的突破,结合基因组学和转基因技术的发展,我国获得了一些优质、丰产、抗病、抗虫的新品种。其中,转基因的棉花、玉米、水稻、大豆、油菜等品种在国内的优势比较明显,而杂交水稻的持续开发、抗虫棉的研究、优良小麦的育种等都体现出现代生物技术在农业生产上的作用越来越重要。

2. 医药生物技术

现代生物技术在预防、诊断和治疗影响人类健康的疾病方面都发挥了重要的作用，并且由此形成快速发展的生物医药产业（如图 8 - 1 所示）。生物药品是以微生物、寄生虫、动物毒素、生物组织为起始原料，采用生物学工艺或分离纯化技术制备并以生物学技术，分析控制中间产物和成品质量制成的生物活化剂，包括菌苗、疫苗、毒素、类毒素、血清、免疫制剂、抗原、单克隆抗体及基因工程产品（DNA 重组产品、体外诊断试剂）等。

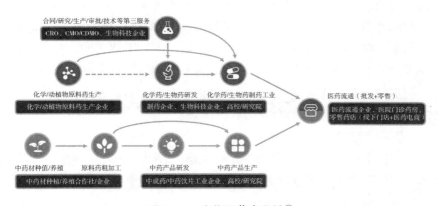

图 8 - 1　生物医药产业链①

3. 工业生物技术

工业生物技术是利用生化反应进行工业品的生产加工技术，是人类模拟生物体系实现自身发展需求的高级自然过程②。以生物催化剂为核心内容的工业生物技术是继医药生物技术、农业生物技术之后，国际生物技术发展又一重大里程碑。发展工业生物技术的任务是把生命科学的发现转化为实际的产品、过程或系统，以满足社会各领域发展的需要。工业生物技术逐步进入包括农业化学、有机物、药物和高

---

①　《2018 中国医药研发创新研究报告》，见亿欧智库（https://www.iyiou.com/intelligence/reportPreview? id = 84318&&did = 550）。

②　《工业生物技术》，见百度百科（https://baike.baidu.com/item/工业生物技术/10974945? fr = aladdin）。

分子材料在内的诸多领域，广泛应用于诸多日常用品的生产，如洗涤剂、纺织品等，其发展更与环境生物技术发展密不可分，极大地促进了现有的不可持续发展的经济体系转化为以生物技术为基础的、可持续发展的经济体系。

4. 环境生物技术

环境生物技术是21世纪国际生物技术的一大热点领域。人类赖以生存的环境，由于人类活动自身造成的各种污染（包括工业废水、废气和废渣等）对环境生态的破坏，已成为威胁人类健康、制约经济发展的严重问题。治理环境污染，改善人类生活环境质量已成为人类共同努力的长期任务。生物技术处理废器物是降解破坏污染物的分子结构，降解的产物以及副产物大都可以被生物重新利用，有助于减少人类活动产生的环境污染，同时也可对废弃物进行资源化利用。如对污水中的有毒物质的处理，常利用微生物自身的生命活动解除污水的毒害作用从而使污水得以净化。

5. 海洋生物技术

随着海洋生物学的发展和海洋生物资源开发规模的扩大，海洋生物技术的研究得到了迅速的发展。其中包括探索、开发和利用有价值的海洋生物，优良养殖品种的培育和病虫害防治，海洋生物天然产物的利用，海洋特殊功能的利用，海洋生态系统的利用，海洋生物利用系统和辅助系统。海水养殖、海洋生物、天然生物开发和海洋环境保护的生物技术是三大研究热点。在水产养殖方面，如转生长激素基因鱼的培育、贝类多倍体育苗、鱼类和甲壳类性别控制、疾病检测与防治、DNA疫苗和营养增强等都取得了较好成效。在海洋天然产物开发方面，利用生物技术的最新原理和方法开发分离海洋生物的活性物质、测定分子组成和结构及生物合成方式、检验生物活性等，已明显地促进了海洋新药、酶、高分子材料、诊断试剂等新一代生物制品和化学品的产业化开发。

第二节 发展动向

现代生物技术已经进入第三代的发展阶段。在这一阶段，生物技术的科技创新空前活跃，颠覆了人类许多新的生产、生活和发展方式，也改变了生物生命更替的基本模式，将会对人类社会、生物圈层乃至地球物质构成产生深刻的影响。具体来说，以下发展动向值得关注。

一、现代生物技术创新加快，发展前景广阔

总体而言，从世界范围看，生物技术发展已经成为一个新的技术生长点，也带动着生物技术产业的发展。据估计，发达国家生物技术产业的年增长速度在25%～30%；我国已在重点生物领域里形成和聚集了一批具有较强实力的创新型企业，生物技术类企业已有2000多家，从业人员达5万多人，以小规模企业为主。依托生物技术发展起来的保健食品、医药用品和农作物品种增长迅速，生物医药产业发展尤为迅猛，形成了具有广阔市场前景的生物技术产业。

二、改造和培育转基因动植物，新物种不断诞生

自1983年第一例转基因生物（转基因烟草）诞生以来，转基因农作物包括大豆、棉花、玉米、油菜、野天牛花、番茄、甜椒等大量出现。在转基因动物培育方面，目前已有转基因猪、羊、牛和鱼等，并且还有一些具有特性的转基因动物，如会吐蜘蛛丝的山羊、在夜晚身体会发光的猪、长着人类心脏的绵羊以及体型相对于普通奶牛3倍大的"施瓦辛格"奶牛，据说有些转基因的奶牛所产的羊奶可提高

儿童对大肠杆菌的抵抗力。

三、培育生成新物种和生物习性，生物适应环境能力得到提升

现代生物技术能打破物种之间的遗传界限，按照某种意愿和目的，通过对活有机体实施"基因组移植"，定向地改造其遗传属性，人工合成新的基因组，进而创造出地球上尚不存在的新生命物种。如人工合成DNA（脱氧核糖核酸）进而制造出新的生物；发明DNA制动器，实现活的生物有机体与计算机的联系。同时，也可以改造和提升生物体的环境适应能力。如运用转基因技术把抗病、抗虫基因导入植物体，培育出能适应特殊环境特性的农作物新品种。如抗虫抗病的棉花、玉米、马铃薯等，耐除草剂的转基因大豆、油菜、棉花和玉米，能在干旱、高寒和盐碱化土壤等恶劣条件下的优质转基因牧草，可自我保护的转基因香蕉，以及在盐碱地实现高产的转基因水稻。

四、发现、发明了多种致病基因和生物科技新疗法，人类健康保障水平逐步提高

目前，已发现与癌症相关的基因约470种，抑郁症、慢性心脏病、高血压、风湿性关节炎、节段性回肠炎以及Ⅰ型、Ⅱ型糖尿病等7种常见病的致病基因也已被发现；许多危害人体健康的疾病，如癌症、心血管病、糖尿病和艾滋病等，有望得到有效的预防、治疗和控制。现代生物技术已能从羊水干细胞培育出多种人体组织，如人类心脏瓣膜，将脐血变成肺细胞；受损心脏可望由患者自体干细胞修复；利用干细胞能分化出人体中所有类型的细胞，细胞制药和治病治疗的干细胞疗法日益兴起。

五、环境生物技术研发应用渐多，成为绿色生态建设新支撑

利用环境生物技术的相关生物的生理、生化和遗传方面的性能，发展分离解毒微生物、监测和跟踪微生物以及降解基因及转移技术、生物修复技术，对自然环境的解毒、降解、监测和修复的案例越来越多，为人类生态文明建设提供了可持续的技术支撑。如在生物治污技术方面，利用复合菌群处理垃圾、污水，修复被污染的土地，生产生物降解塑料；利用细菌消化有毒废料、吸收大气中的二氧化碳和其他温室气体；运用生物芯片的感知能力进行环境检测等；利用农林业及城市工业产出排放的有机废弃物和边际性土地种植能源植物，减少对化石能源的利用等。

六、技术交叉融合趋势明显，生物耦合技术深度改变物质世界

当前，生物技术已渗透融合到许多新的领域，一些生物技术领先的国家如美国，已经将生物技术与计算机技术、生物芯片技术、组合化学合成技术、纳米技术、高通量筛选技术等融合，形成新的发展领域。如创造和发明了将生物分子与电子、光学或机械系统连接起来，把生物分子捕获的信息放大、传递、转换成为光、电或机械信息的生物耦合技术。将现代生物技术与建材融合，使建筑物更节能；运用生物智能技术来提升建筑智能化水平，等等。生物技术与其他学科、技术及产业的交叉渗透融合，预示着一个具有更加广阔的应用发展前景的生命和仿生技术革命的到来，将会衍生出更多具有深度智能特征的物质世界。

第三节 应用状况与应用前景

一、应用状况

广州已在现代生物技术发展方面积累了一定的技术和产业基础。初步形成生物医药、生物制造、生物农业三大生物产业集群,在干细胞与再生医学、生物制药等领域处于国内领先水平。尤其在广州开发区,已聚集生物医药领域企业600多家,各类研发机构580多家,占广州市整体的50%以上,形成了现代生物科技研发和产业化应用的良好势头。在城市环境治理与修复方面,现代生物技术也得到了初步的应用。

二、发展前景

可以预见,在广州IAB计划的支撑下,随着GE医疗集团建设首个GE生物科技园、新加坡绿叶生命科学集团建设的绿叶生命科学产业园,绿叶集团的生物医药项目、锐博生物的基因沉默技术项目、广州哈佛医学科技创新中心项目和国家"千人计划"人才的生物医药项目的建设实施以及新加坡国际制造创新中心(SMIC)等一系列创新合作平台的建设,营养与食品科学、污染控制与环境修复、生物医学材料和医疗器械等方面的协同创新合作将得到更加深入地开展,未来广州现代生物技术的创新发展将与广州现有的医疗健康产业发展紧密结合,推动广州现代生物技术产业的蓬勃发展。

第四节　对广州城市功能空间的影响展望

现代生物技术的创新和应用，既可改变现代城市空间的地表植被构成，又可形成城市经济产业的主要发展方向，还可改变城市各个功能空间的相互关系，形成现代生物技术支撑下的深度智能城市空间。随着农业生物技术、医学生物技术、食品生物技术、能源生物技术、环境生物技术等蓬勃发展，城市功能空间将出现新的图景。

一、城市绿色生态功能空间更为强大

绿色生态功能是城市赖以持续发展的基本功能。现代生物技术为新的植被种植养殖、维护方式提供了新的技术支撑，从而可为广州城市绿色生态功能空间的转型提供新的技术手段。在城市绿色生态功能塑造过程中，可以运用现代生物技术，促进绿色空间与城市公共空间、居住空间的相互渗透，从而弥补城市空间开发对城市生态环境的破坏，使城市空间增添更多的绿色元素。同时，还可借助环境生物技术，利用生物体、生物的代谢反应过程和生物合成产物（包括酶）对城市环境进行监测、评估以及整治和修复。由生物技术衍生的生态和低碳技术的发展将有助于营建水绿环绕、共生共存的涵盖地上、地下的立体都市空间。

二、中心城区可能"回归"农业空间功能

借助农业生物技术，可以改造形成转基因动植物，培育生成新的物种。还可以发展"白色农业"，以工业的生产方式获得农产品。另外，可以根据人们的意愿、目的，定向地改造生物遗传特性，如为适应城市的无机生物环境而改变生物的生长习性，并创造出适应城市以

钢筋水泥为主要成分的无机发展环境的新生物类型，提高农作物的产量和抵抗疾病的能力，提高饲养动物的品质和质量，阻止群养动物的流行病发作。在这些技术的支撑下，可以在更大规模上实现城区第一产业的空间回归。因此，这也是一场农业革命，为现代农业与城市的融合奠定了技术基础。

三、生命健康产业空间增长成为发展的现实需要

广州已经具备了发展生命健康产业的良好基础。广州已有三甲医院近60家，医疗资源和医学实力雄厚。近期还规划建设85个医院项目，促进优质医疗资源向从化、增城和南沙等开发区域延伸。相关的生物医药领域企业也达600多家，不少企业在生物医疗领域独领风骚，如百济神州、迈普再生医学科技有限公司等都有着自身的核心技术。随着3D生物打印、干细胞疗法及众多生物科技新疗法、新产品的成熟应用，广州生命健康产业将在科技创新和实际应用方面展现广阔的发展前景，未来生物医药产业和医疗科技的城市功能空间需求将会进一步增长。

四、生物能源技术将催生城市能源生成新空间

随着生物能源技术的成熟，未来城市能源供给方式将可能发生重大的变化。在城市也能以可再生的生物为原料，大规模生产人类所需要的能源，如生物质制氢、燃料乙醇、生物柴油、沼气等；城市生物质能源与城市太阳能技术应用一起成为城市能源的重要补充方式，并渗透城市居住、生产及公共服务的诸多空间载体中，生成一种城市能源生产新空间，形成一种分布式的能源供给状态，为城市的可持续发展提供重要的保障。

五、深度生物智能空间的创新生成成为可能

随着生物技术与其他技术的融合渗透,未来城市物质空间的组成将发生新的变化,如随着仿生技术的成熟,具备生物智能的新物质将"横行世界"。在人工智能及生物耦合技术应用下,许多新的动植物都可能具备人工智能的特性,这将更大程度地改变城市功能空间的无机属性,并在人类社会文化领域出现新的伦理。

六、颠覆城市功能空间的相互关系

现代生物技术的发展应用将颠覆城市功能空间的相互关系,生产空间、生活空间与生态空间的相互渗透、相互混合更为明显,过去相对固定的界限逐渐模糊。另外,未来生物技术将与城市农业、林业、医药、食品、能源、环保、海洋、信息等产业紧密相联,衍生出生物制药、生物农业、生物环保、生物冶炼等新产业,同时铸造新生物技术产业新空间。

第九章　新科技革命下广州各类城市功能空间布局趋势与优化

如前所述，各主要技术领域对城市功能空间的影响是十分显著的。从另一视角看，新科技革命对广州各类城市空间功能布局也有着深刻影响。为此，本章分别从交通功能、商贸功能、城市生态、文化休闲、产业空间、居住生活、教育科研、服务空间等类型城市功能空间的技术应用前景、存在问题、布局趋势及优化方向进行分析和展望，以期对广州城市发展和规划有所裨益。

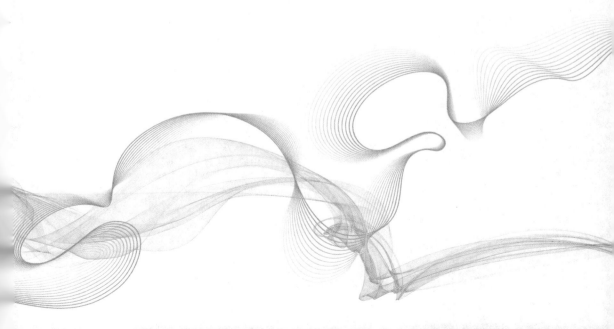

第九章　新科技革命下广州各类城市功能空间布局趋势与优化

第一节　交通功能空间布局：技术影响与优化方向

一、广州城市交通领域技术应用状况与前景展望

（一）应用状况

广州作为一个特大城市，各种交通方式较为完备，技术应用多样性十分明显。新交通技术体系不断发展，地铁技术、轻轨技术和高速铁路技术的应用规模逐步扩大。交通信息化程度较高，全球定位系统（GPS）、地理信息系统（GIS）、数字地形模型系统应用广泛，电子警察和视频监控等技术系统应用普遍，实现了对全市出租、公交、公路客运、危险品运输等各行业的信息化全覆盖，网约车、共享单车、共享汽车及共享停车等在特定平台得以实现。无线通信技术、传感器技术、电子信息控制技术等在交通领域应用普遍。海港、空港、路桥建设的技术先进程度不断提高，大飞机、新型船舶技术在交通领域应用大踏步前进。高速化、重载化、安全化、信息化、智能化方向的高速铁路系统技术开发及建设得到长足发展。

（二）前景展望

总体上，交通是广州城市发展的一个具有短缺特性的领域。在新型先进现代交通技术及方式应用方面，广州一直处于国内领先水平，但交通技术的创新及试点还有待深化。随着广州新能源汽车、无人驾驶汽车的试用和普及，新能源汽车和无人驾驶的配套基础设施将日趋完善。在空中交通方面，在适度开放低空空域的条件下，无人机在广

州应用也会得到推广，并可能成为城市交通的一种重要方式。另外，倘若时速上千公里的新型城市管道交通技术得以成熟发展，城市交通空间的延展范围也将得到进一步的扩展。而未来这些领域的技术应用实际上需要整个交通系统的技术变革和空间匹配。

二、存在的问题

总体上看，尽管新科技对广州城市交通功能空间产生了重要的积极影响，但仍然存在不少问题，主要体现在：

（1）各类城市交通空间融合不足。如白云机场的地面交通的衔接、疏导，不同类型的城市交通空间的系统协调；地铁站点周边没有为其他交通工具提供足够的空间，如共享单车和共享汽车的停放空间；地铁功能过于单一，需要积极谋划高效的物流通道的合理开发。

（2）新技术应用型交通方式的储备和空间供给不足。高效率自动化的立体化停车场数量太少；现有的交通面向未来的城市车联网系统和无人驾驶技术的区域性试点还未开展。

（3）交通功能空间利用效率有待提升。加油站、充电站、停车场等交通场所功能单一，空间利用效率提升的潜力有待提高。

（4）交通空间与总体城市空间的拓展存在偏差。交通网络空间的配置与全市重点发展区的协调不足，与构成网络型、多中心、组团式城市空间结构的匹配不够。如南沙、广州开发区等中心城区交通快速衔接不足；地铁、高快速路等分层次的交通枢纽型网络与多中心组团式城市空间结构的匹配度较低。

三、布局趋势

总体上看，未来在众多新科技影响下，交通功能空间的协同效应、增强效应、替代效应、融合效应、衍生效应及挤出效应表现见表9-1，广州的城市交通功能空间将呈现以下几个明显趋势：

（1）总体上呈现总量扩张、布局分散发展趋势。地铁、城轨、高速公路、快速路等高效率的城市交通功能空间在数量上将进一步增长，而且在空间布局上将呈现分散发展趋势，而在白云机场、广州南站、广州北站、广州火车站等大型交通枢纽站点的局部区域出现集聚趋势，为构建城市新的空间发展格局提供必要的支撑。

（2）地铁是大城市最高效率的交通通道。未来广州的地铁网络密度将大幅度增长，而且地铁功能将多样化，有望成为高效的城市物流通道。

（3）效率较低的一般道路、内河运输通道等在数量上将减少。出现这种情况的原因在于地下交通空间的扩展，减少了对地面交通的需求。现在雄安新区的规划已经提出一种新理念，城市交通流量主要在地下，地面交通则更多体现为人行交通，因而有可能会转化为城市的公共休闲活动空间。

（4）现有的停车场、物流配送站点将向智能化、立体化、复合化方向发展。加油站、加气站、充电站等汽车能源供给站点将具备更多的智能化自助能源供给、控制系统更新检测、汽车使用者的休闲娱乐空间等多种复合功能；物流配送站点的运行也更加智能化、自动化，"快递小哥"的城市空间占用将减少。

（5）无人驾驶技术的普及将会催生新的交通空间，如专用的无人驾驶通道或者无人物流配送通道，将大幅度重构现有的城市交通线路、站点的布局。

（6）无人驾驶、低空飞行等面向未来的出行方式的普及还将催生全新的交通产业园区。

表9-1 新科技对广州交通功能空间的影响分析

作用方式	主要表现
协同效应	有利于地铁、城轨、空港、海港、高速公路、快速路、一般道路等交通功能空间的整体协调，促进交通空间大幅扩张和城市骨架的形成
增强效应	增加地铁等高效率交通空间；新能源汽车产业园区增加单位空间产出

(续表 9-1)

作用方式	主要表现
替代效应	信息通信技术的应用减少大量城市通勤
融合效应	地铁、空港等现代化交通节点融合了商业、娱乐等综合功能，形成新的商业综合体
衍生效应	出现新能源汽车、智能汽车等新科技产业园区；地铁商业综合体等新型功能空间
挤出效应	快速交通空间扩张对农田林地等城市生态空间造成挤压

四、优化方向

未来广州交通功能空间的优化升级离不开各种新技术的支撑，特别是应积极把握和顺应交通与信息技术的发展新趋势，不断优化广州城市交通功能空间，为广州迈向国际性大都市提供强大支持。结合城市交通功能空间存在的问题及其在新科技推动下的布局趋向，未来，广州在城市交通功能空间的调整优化需要把握以下几个方向：

（1）强化交通功能空间的规划与设计，及早谋划新型交通战略空间储备。适应城市总体空间拓展的需要，战略性地规划城市交通枢纽和网络组成；未来，城市交通将采用地下交通、空中交通和地面交通有机结合的方式，因此必须进行立体交通方式的空间规划和设计。

（2）均衡协调各种交通方式之间的结构衔接关系，促进交通空间的融合。重点推动地铁、城轨、高铁、高速公路等高效率城市交通功能空间的增长。不断提高交通功能空间的信息化与智能化水平，促进广州现有公交车、地铁、的士、水运、高速公路、普通道路等各类交通信息系统的深度融合，尤其要推动大数据、云计算、人工智能等技术在智能交通系统中的应用，加强现有停车场、加油站、加气站等交通辅助空间的智能化升级改造，通过新技术的深入应用，推进各类交通系统的无缝对接，不断提升各类城市交通空间的运行效率和整体协作水平，逐步增加中心城区慢行交通功能空间。随着广州城市居住空间不断朝外围区域扩散，广州未来的城市交通空间应该逐步以地铁、快速路等高效率交通空间为重点，有计划地淘汰公交车线路、中心城区双向两车道等效率较低的城市交通空间，增加以自行车、步行等为重点的慢行交通空间，不断提高中心城区的休闲与文化氛围。

（3）借助新技术进一步推进交通空间与其他功能空间的深度融合。交通空间作为广州未来城市最重要的人流和物质流通道，需要借助新技术进一步加强与商贸、居住、生产等功能空间的智慧化融合，使有限的城市交通空间能够高效率、智能化地为其他功能空间提供支撑性作用。

（4）建设具备复合功能的交通站点。使停车场、加油站、充电站等不同用途的交通站点，能够适应不同技术类型汽车和使用者个性需求，具备自助能源供给、控制系统更新检测、休闲娱乐等功能。

（5）积极培育以新型交通工具生产制造为重点的新型价值园区。汽车制造业作为广州的支柱工业，需要积极谋划以无人驾驶、新能源汽车、智能汽车等为核心的新型价值园区，重点推进广汽智联新能源汽车产业园等重点平台的开发建设。

（6）因应新技术的重大变革，调整城市交通的管理方式。按照低碳环保绿色、公平理念建设新型城市交通，开发具有自动寻找功能的停车App，适度开放低空交通，创新运营夜间交通方式，并将现有的交通枢纽升级转型为交通经济产业园区。

第二节 商贸功能空间布局：技术影响与优化方向

一、广州商贸领域新科技应用状况与前景展望

（一）应用状况

广州作为国际商贸中心城市，商贸十分发达。近年来，商务智能技术、移动电子商务技术、云计算技术、新型物流交通技术等城市商贸发展不断更新，商贸业态也不断推陈出新，电子商务和跨境电商的发展使城市商贸活动的辐射范围日益扩大。

（二）前景展望

未来随着商贸业的巨大变革，伴随着新商贸空间的形成及转型，商贸物流业发展如何与新的商贸业态发展更新相结合，城市物流配送、仓储、通道等如何有序协调，可能成为城市商贸领域技术应用亟须解决的一个难题。未来城市无人机物流配送、新型轨道技术交通物流配送，以及商贸智能技术、移动电子商务技术和云计算的深化应用和普及，可能是城市商贸技术应用的重点方向。

二、存在的问题

新科技对城市商贸空间的重塑是十分明显的。总体上看，新科技在广州城市商贸功能空间的应用和发展还有诸多不足，主要体现在以下几个方面：

（1）在城市中心区还大量存在空间容积较低、产出较低的传统

商贸场所，这些场所的信息化升级改造不足，明显影响城市空间的转型升级。

（2）与城市商贸功能空间相关的城市物流配送空间和通道规划不足，城市物流配送已成为广州交通面临的一大问题。

（3）电子商务产业园的发展难以按已有规划发展，不少园区成为餐饮和地产集聚地。

（4）大型商业综合体与交通、娱乐休闲等空间的柔性化融合有待提升，特别是与交通空间的高效融合有待加强。

（5）面向未来的自动化配送、低空配送、专用配送通道等还未提前谋划。

三、布局趋势

总体上看，未来在众多新科技影响下，对广州城市商贸功能空间的影响将呈现协同效应、增强效应、替代效应、融合效应、衍生效应及挤出效应（见表9-2），并表现为以下几个明显趋势：

表9-2 新科技对广州商贸功能空间的影响分析

作用方式	主要表现
协同效应	商业网点在数量上大幅度扩张，城市物流仓库和配送站点大量增长
增强效应	电子商务快速发展、单位空间产出更高的大型商业综合体、立体化商业载体大量出现；交通节点融合了商业、娱乐等综合功能，形成新的商业综合体
替代效应	电子商务减少大量外出购物通勤，移动支付替代了传统现金支付，传统商贸空间被大量替代
融合效应	出现新兴的电子商务产业园，涌现大量物流仓库和配送站点
衍生效应	电子商务快速发展，虚拟全新的城市商业空间
挤出效应	商务网点、物流仓库和配送站点快速扩张对有限的城市休闲和生态空间造成挤压

（1）城市商贸功能空间的布局总体上呈现扁平化布局以及集聚和分散并存的发展趋势。其中，更先进、产出效率更高的大型商业综合体呈现集聚趋势，主要分布于城市中心区、周边区域的中心区域及人口密集的大型社区周边，而具有快递收发功能的小型商业网点在数量上将大幅度增长，并呈现分散发展趋势。

（2）围绕新型综合交通站点，形成新的商贸空间。广州地铁站点、白云机场及未来出现的新机场等现代化、高效率的交通站点有望成为新型商业综合体，空间上沿地铁站点等线路布局。

（3）商贸物流体系布局发生新的变化。大型物流仓库将沿城市外围非核心区集中布局，而配送站点将分散发展，地面无人配送通道及空中配送通道将逐步建立，运量大、准时的地铁将加装物流车厢，有望成为广州全新的城市物流通道。

（4）集聚商贸信息交流、展贸结合的新型电子商务产业园区逐步形成。在云计算、互联网、物联网、大数据和智能制造等新科技推动下，商贸供应链、生产者营销、企业信息化和组织架构、消费者消费方式等商业生态系统都相应发生变化，空间布局上仍然存在对信息交流、展贸集聚发展新型电子商务产业园区的空间需求。

（5）传统商铺将面临式微的局面。由于电子商务的迅速发展，产生了明显的替代和转移效应，大量中小型的商铺已经从实体店移至淘宝、京东等电子商务平台，大量虚拟商铺替代了传统商铺，在线支付、移动终端支付等支付方式已经逐步替代了传统的现金支付，而VR技术的普及使居民足不出户就能够体验到现场购物、现场参展的感觉。

四、优化方向

广州应积极把握和顺应新一代信息技术和人工智能等技术的发展新趋势，不断提升广州商贸的智能化、信息化水平，不断优化广州城市商贸功能空间布局，为广州深度建设国际商贸中心提供强大支持。综合考量城市商贸功能空间的存在问题及发展趋向，需要在以下方面对城市商贸功能空间予以优化：

（1）顺应城市发展布局大势，形成网络扁平化、大集中小分散的商贸空间格局。从城市整体空间布局入手，完善商贸功能空间的网络化、扁平化布局。

（2）以新科技促进商贸空间的优化升级。运用智能技术、新一代信息技术等，不断推进现有商贸功能空间的信息化和智能化升级改造。高度重视虚拟化商贸功能空间对实体商贸空间的替代效应，推动传统商贸空间的转型升级，大力建设城市"智能商贸""智能物流"空间，提升城市商贸功能空间品质。特别是重点针对越秀区、荔湾区等城市中心区大量存在的空间容积较低、产出较低的传统商贸空间，加强信息化和智能化升级改造，为中心城区优化升级腾出有限的发展空间。

（3）促进商贸空间与其他空间的融合协调。在现有技术条件下，空间融合能力不断增强，应大力促进商贸空间与交通空间、文化休闲娱乐空间、居住生活空间等的整合协同；以大型商业综合体为重点，借助信息化和智能化手段，不断加强与交通、居住、娱乐休闲等空间的柔性化融合，尤其要强化与交通空间的高效融合。在重要交通站点，建设更多新型商贸综合体。

（4）借助新技术积极谋划新型高效的城市物流配送通道和智能化配送体系。运用大数据与人工智能等技术，将城市电子商务系统、配送系统、居民居住与出行等系统的数据流进行有效融合，智能高效地实现城市物流配送。

（5）超前探索谋划面向未来的自动化配送、低空配送、专用配送通道等，同时积极谋划与城市商贸功能空间相关的城市物流体系空间和通道规划。

（6）加强新型商贸空间的管理。整合信息收集、商品交易、商品展示等功能，建设城市商贸综合平台；强化商贸供应链、生产者营销、消费方式等商业生态系统的管理；进一步落实以电子商务为重点的新型价值园区建设，切实提高商贸功能空间产出效率。

第三节　生态功能空间布局：技术影响与优化方向

一、广州城市生态领域新科技应用状况与前景展望

（一）应用状况

城市生态系统是综合了人类社会、经济、自然三大子系统的复杂人工系统。广州城市生态系统的维护和治理中新科技的应用并不十分突出，主要对城市垃圾处理采用了一些新技术，如垃圾发电技术。信息化及网络技术在环境监测、监控中也有一些应用，也有一些对废气、废水及固体废弃物的处理采用生物技术的个案。对城市植被的种植、保护主要还是采用传统的生物技术。总体而言，对城市生态系统的维护和治理主要还是遵从自然规律，基本维护城市生态的自然状态；对人工造成的环境污染和破坏，采取一定的技术处理措施。

（二）前景展望

未来城市生态发展的要求将越来越高，生态功能空间与产业功能空间、交通功能空间、居住功能空间上的矛盾将日益凸显，生态功能维护和强化的需求也更加强烈。为此，在生态空间功能的维护上将引入现代生物技术和智能环保系统，增强生态的自我净化、自我恢复能力。在公共空间内废气、废水及固体废弃物的处理上也可引入智能化的机器人处理技术；对家庭、工厂产生的垃圾采取源头性的环境技术处理手段，使之资源化、减量化，为城市生态功能的强化提供更多的全方位的技术支撑。

二、存在的问题

总体上看,尽管新科技对广州城市生态功能空间产生了重要的积极影响,但仍然存在不少问题,主要体现在以下几个方面:

(1)生态功能空间区划尚不够清晰明了。对禁止建设区域的边界还未进行严格的法规约束。

(2)绿色基础设施建设空间布局存在诸多问题。现有的环境监测系统布局还不够完善,自动化、智能化程度不足,导致废弃物不按规定堆放、污染物和垃圾偷排现象仍然不少,影响环境和水体质量;现有垃圾压缩和处理站点的空间布局与城市空间发展不匹配,垃圾处理技术和设备跟不上城市空间扩张的需要,造成垃圾处理效率不高。如何利用绿色基础设施改善与修复水生态、水环境以及整个生态环境是生态功能空间塑造和布局必须统筹考虑的重大民生和社会问题。

(3)各类污水管网、垃圾处理站点、热力电厂等生态功能设施的空间布局与现有大型居住区、公共服务空间、工业园区等的空间融合不足。

(4)以生态和循环经济为核心的产业园区建设将是未来园区发展的重要方向,但目前广州此类型的产业园区发展还不足。

三、布局趋势

总体上看,未来在众多新科技影响下,对广州城市生态功能空间影响表现为协同效应、增强效应、替代效应、融合效应、衍生效应及挤出效应(见表9-3),并将呈现以下几个明显趋势:

(1)众多新科技的广泛应用,新兴的产业功能空间、交通功能空间、居住功能空间大量取代了原有的生态空间,将导致广州城市原始自然生态功能空间总体上呈现减少趋势,但人造生态空间将会不断增长。

(2)随着新科技对广州城市生态功能空间的影响日益深入,集废弃物处理、发电等功能于一体的大型废弃物处理站点将会进一步增加，整体将呈现聚集发展趋势，主要分布于城市外围郊区，而小型的智能化垃圾分类回收设备设施在数量上将大幅度增长并呈现分散发展趋势，自动化垃圾回收系统将会逐渐普及。

（3）未来在新材料和生物技术的支持下，越来越多建筑物表面、交通干线沿线、社区角落、工厂周边等区域将会出现微型的、立体化、更具生态功能的绿色植被，进一步改善城市生态环境。

（4）绿色低碳理念和相应技术支撑的强化将促进大量新型低碳经济产业园区的发展。在新技术新材料推动下，"绿色低碳制造"和"低碳零碳生活"不断兴起，将更深刻地改变城市生态功能空间的特性。

表9-3 新科技对广州城市生态功能空间的影响分析

作用方式	主要表现
协同效应	借助新科技的应用，政府管理部门能够对城市生态系统进行有效监控和管理，促进不同类型城市功能空间在生态维护上的协同
增强效应	借助新科技的应用，新型废弃物处理站点将增强城市污染物处理和生态维护能力
替代效应	新科技优化产业结构，提高城市运行效率，降低环境污染程度
融合效应	生态功能空间与其他功能空间的融合更易实现
衍生效应	在新科技支持下衍生出以低碳经济、绿色经济、循环经济为特色的产业园区
挤出效应	新科技应用导致部分原始自然生态空间被挤占

四、优化方向

新科技对于城市生态功能空间的影响是全方位的。一方面，现代生物技术有助于改善自然生态环境，增强地表植被覆盖的能力；另一方面，新能源、新材料等技术的应用，又为城市生态功能技术提供了良好的技术支撑；当然，部分技术的应用也可能会对生态功能空间产

生负面的影响。因此,从优化城市生态功能空间的角度看,需要从以下几个方向入手:

(1) 严格限定城市原始生态功能空间。加强对城市原生态的保护,为城市生态发展提供一种具有长远价值的历史标本。加强新技术在城市生态修复和生态巩固领域的应用。积极推进生物技术、新材料技术等在绿色基础设施改善、水生态和水环境修复以及立体化微生态体系建设中的应用,积极从多方位、多角度推进广州生态功能空间的优化和完善。

(2) 强化人工生态系统的塑造及环境性渗透。借助新技术促进城市生态辅助设施与其他功能空间的深度融合。不断推进新技术在各类污水管网、垃圾处理站点、热力电厂等生态功能设施的空间布局的应用,提高现有生态辅助设施的废弃物处理能力和效率,促进与现有大型居住区、公共服务空间、工业园区等空间的高效智能化融合。重点运用现代生物技术和新材料技术,提升生态空间的渗透性,使生态空间不断延伸和渗透至居住生活空间、文化休闲空间、公共服务空间等各类城市功能空间之中。

(3) 积极推动现代化绿色基础设施建设。不断加强城市生态监测系统的信息化和智能化水平。进一步提高信息、通信、遥感及人工智能技术在城市生态监测系统中的应用水平,加强生态监测系统与国土规划系统、城市规划系统、产业规划系统等重要城市信息系统的融合,提高城市生态系统的智能化监测水平,减少甚至杜绝污染物和垃圾偷排现象。运用新型垃圾处理技术,建设垃圾压缩和处理的分级处理系统,促进垃圾初级处理家庭化、社区化,形成减量化、资源化、遍在性垃圾处理系统,为城市生态环境的改善提供足够的硬件设施。

(4) 推动城市社会生产、生活方式的绿色低碳转变。运用绿色、低碳、循环、资源化等理念,推动循环经济园区、低碳社区、低碳产业园区等城市发展。积极谋划以生态和循环经济为核心的新型价值园区建设。低碳化和绿色化发展将是全球未来经济发展的重要领域,将成为广州未来园区发展的重要方向,应积极谋划和布局。

第四节 文化休闲功能空间布局：技术影响与优化方向

一、广州文化休闲领域新科技应用状况及前景展望

（一）应用状况

科技和文化休闲的融合已经成为常态，尤其是在泛文化休闲盛行的当下，科技与文化融合催生的新产品、新内容、新业态欣欣向荣，涵盖网络文学、数字音乐、网络影视、手游、移动视频等领域的方方面面。运用网络、移动网络等新科技，文化休闲的创作、制造、传播、展示等形式更加多样，内容更加丰富，并延伸覆盖到家庭文化休闲娱乐之中。由"硬件+软件+交互+内容+应用"等环节组成的智能文化休闲生态技术链条贯穿影视、体育、媒体等不同范畴文化休闲空间的各个节点和网络。

（二）前景展望

在未来，随着城市生产效率的提升和居民生活水平的不断提升，文化休闲成为城市居民衣食住行之后最重要的消费领域之一，在新科技的渗透下，各种休闲文化空间中的声光电等综合展示手段日益丰富并不断突破已有的实体空间向虚拟空间延伸。随着VR、AI等新兴技术的不断落地应用，家庭文化娱乐领域势必将会变得更加丰富多彩，整个产业生态也将更加丰富多样。借助虚拟现实实现的电影、大型演唱会、大型足球比赛等，将比现实的更具有真实感，这种大规模用户参与将完全颠覆物理空间的娱乐类型活动，将使虚拟现实变成一个影响力更加大的空间。

二、存在的问题

总体上看,新科技对广州城市文化休闲功能空间的塑造产生了重要的积极影响,但仍然存在不少问题,主要体现在以下几个方面:

(1) 部分文化休闲空间为旧建筑、旧码头、旧厂房改造而成,与周边低劣的城市风貌连在一起,充斥画廊、服装店、时尚精品店、咖啡店、饭店甚至"跳蚤市场"等商业业态,文化休闲品味有待提高。

(2) 文化休闲空间与科技的结合不足。文化休闲空间在空间划分、功能布局、建筑材料以及声光电等物理环境的科技展示方面存在不足,知名的科技创意、科技影视、科技娱乐、科技游戏、科技时尚很少。

(3) 总体文化休闲空间呈现单中心的格局,文化空间的内外延伸不足,实体化的集群与数字化的网络结合不够。对内,缺乏网络状、节点式的空间分布,以致难与科技、旅游、商贸、教育、保健等实现良性循环;对外,难以通过虚拟空间吸取各国各地区的文化资源和人力精华,实现与世界各地域休闲文化的创意与创新、多元与包容、增值与共享的链接。

(4) 文化休闲功能空间的影响力不足。广州虽已形成羊城创意、T.I.T、创意大道、信义会馆、华创等一批有影响力的产业园区,但在全球文化休闲产业的价值链、文化资源的供应链、文化消费的品牌链上影响力明显不足。

(5) 各类文化休闲空间存在结构上的不均衡性。老年人文化休闲空间总量不足,工艺时尚类、设计服务类、咨询策划类文化休闲空间也比较缺乏,尤其缺少知名高的品牌空间载体。

(6) 文化休闲功能空间与交通、商贸等功能空间的柔性融合不足,还需要借助新科技进一步提升。

三、布局趋势

在众多新科技影响下，对城市文化休闲功能空间的协同效应、增强效应、替代效应、融合效应、衍生效应及挤出效应将逐步显现（见表9-4），广州城市文化休闲功能空间将呈现以下几个明显趋势：

表9-4　新科技对广州城市文化休闲功能空间的影响分析

作用方式	主要表现
协同效应	图书馆、展览馆、影剧院、文化馆等空间大量增加
增强效应	将大量传统纸质的文化材料信息化，使空间有限的图书馆、文化站能够存储海量书籍信息
替代效应	计算机、平板电脑、手机等设备能够存储海量的文化素材，而且人工智能等搜索引擎的广泛应用，替代了人们在海量纸质版文档中查找资料
融合效应	新兴的文化创意产业园
衍生效应	虚拟出全新的网络文化休闲空间，如虚拟社交空间、游戏空间及文化空间
挤出效应	现有文化休闲功能空间过于依赖新科技的应用，导致缺乏人与人之间的现场互动氛围

（1）新科技增进文化休闲空间业态多样性。在新科技影响下，越来越多新文化休闲空间被创造出来，适宜形成创新氛围的社会交往空间，如咖啡店、书店、小餐馆、小剧场，集画廊、工作室、现场音乐表演于一体的混合型场所等"第三场所"将可能大量出现。

（2）文化休闲空间布局趋向大分散、网络化和强集聚、多组团布局态势。随着城市生产效率的提升和居民生活水平的不断提升，文化休闲成为城市居民衣、食、住、行之后最重要的消费领域之一，因而出现更多点到点的文化休闲服务空间，呈现出一种比较分散的状态。加上新科技发展及应用，特别是新一代网络信息技术的广泛应用，传统文化素材被电子化、信息化，而相应减少了对实体空间的需求,未来,实体图书馆、文化馆、影剧院等文化空间在数量上将趋于稳定,内部功能将会越来越多样化。小型的文化站、图书馆在数量上将有所增长,并呈现分散发展趋势,将逐渐普及各社区、行政村及重要功能区,应对老年化社会对文化休闲的需求。但大型的文化空间将呈现集聚发展趋势,主要集中在中心城区。

(3)综合功能的文化休闲功能空间不断出现。城市的公园体系、绿地空间、滨水休闲空间、环城近郊休闲游憩带以及创意阶层特别钟情的文化创意产业空间的深入拓展,全新的文化休闲空间将不断涌现,与旅游风景区、农业生产基地进行融合发展,形成具有综合功能的文化休闲空间,成为新型的文化创意产业园区,成为吸引知识型劳动者、包容多元文化、鼓励创新的复合功能场所。

四、优化方向

在信息化、智能化技术的影响下,城市文化休闲空间体现出一种突出地柔性化功能,其延展性、渗透性将不断得到强化。顺应技术演进的方向,结合现有文化休闲空间的现实状况,我们认为广州城市文化休闲功能空间的优化可以按以下方向加以调整:

(1)以新技术提升文化休闲空间的品味。运用新科技带来的声光电及特殊材料特性提升咖啡店、小餐馆、小剧场等文化品位,丰富其时代文化气息,增加新的科技创新元素,培育高质素的文化休闲品位。

(2)运用新技术塑造更多的新型文化休闲空间形态。在科技不断变革的时代,顺应技术发展的潮流,创造更多的新型技术文化休闲空间,如新型汽车文化休闲空间、机器人服务文化休闲空间以及汇聚休闲、娱乐、购物等多种功能的综合类文化休闲空间。在新科技作用下,借助信息网络技术,文化休闲的虚拟空间可以进行无限的网络化延伸。将这种文化休闲空间功能进行跨界、跨地域的共享,是形成广州城市竞争力、影响力的重要支点。

(3)适应未来对城市文化休闲功能空间的需求,完善文化休闲功能空间的空间结构。总体而言，大型城市文化休闲空间往往成为城市形象的代表，如大型剧场、大型电影院等往往能构成城市的形象记忆，一个城市建设若干大型的文化休闲功能空间是必需的；但从消费者普遍的需求来说，又会有更多个性化的小型文化休闲功能空间需求，因此，二者在整体空间上就形成了大集聚、小分散的空间格局。面对新一轮幼儿出生高峰、即将到来的老人社会及文化创意产业发展需求，应积极统筹各类文化休闲空间在总量和地区分布上的均衡，并科学规划各类文化休闲空间的总量及空间布局。

（4）推动文化休闲功能空间与其他功能空间的协调。随着城市居民文化素质的提升，对城市文化休闲空间的需求也将大幅增加；而这种需求将具有更多的遍在性，因此，文化休闲空间也要借助新科技手段进一步渗透整个城市的功能空间之中，以满足城市居民因时、因地的个性化需求。城市居民文化休闲消费的快速增长，不断推动文化创意产业的深入发展，与旅游风景区、农业生产基地进行融合发展，形成具有综合功能的文化休闲空间，同时文化休闲功能不断融合到交通、居住、商贸等功能空间，为提升广州各种功能空间的高度协作提供支撑。

（5）推动文化休闲空间建设理念的转型。文化休闲理念的精深化，深度挖掘企业文化、演艺文化、媒体文化、历史文脉、制造技术演进（如汽车制造技术、钢琴生产技术、啤酒生产技术等）、体育文化、会展文化等不同类型的文化品牌主题，建设一批特色文化休闲产业空间。

（6）不断促进文化休闲虚拟空间与实体空间的无缝对接与融合。随着新一代信息技术、VR虚拟技术、人工智能等技术在文化休闲领域的广泛应用，虚拟文化休闲空间已经成为广州文化休闲功能空间的重要组成部分，并以更加快速便捷的方式向全国乃至全球展示广州的特色文化，这需要积极谋划广州虚拟文化休闲空间的规划和塑造，打造具有国际影响力的广州文化品牌，努力实现与全球知名休闲文化的对接、共享与增值。

第五节 产业功能空间布局：技术影响与优化方向

一、广州产业领域新科技应用状况与展望

（一）应用状况

在制造产业应用领域，广州移动互联网、电子商务、智能装备、生物医药、新材料等新科技新业态和先进制造业加速壮大。4G 移动技术应用普遍，信息技术在制造行业深入渗透；初步形成生物医药、生物制造、生物农业三大生物产业集群，在干细胞与再生医学、生物制药等领域处于国内领先水平。在智能制造领域，已有广州数控、广州瑞松、广州明珞、达意隆包装、广州机研院、广州市诺信数字测控设备有限公司等 20 多家工业机器人及智能装备企业，技术处于国内领先水平，3D 打印技术应用方面已有迈普医学、广州市文搏智能科技有限公司、广州铭展网络科技有限公司、广州派因信息科技有限公司及广州优塑塑料科技有限公司、广州网能产品设计有限公司、广州市文博实业有限公司等企业。

（二）应用展望

近年，广州产业技术创新和应用的氛围逐渐形成，但总体产业技术的原创性不足。随着广州 IAB 计划的实施，在信息、石化、汽车三大传统支柱工业的基础上，新兴的一代信息技术、智能制造和生物医药产业将可能异军突起。"B（百度）A（阿里巴巴）T（腾讯）"在广州抢滩登陆，布局新一代信息技术，5G 网络技术和工业互联网将会在广州制造创新中得到普遍应用；智能制造中的 3D 打印技术、

智能化技术、无人工厂、柔性制造技术等也可能蓬勃发展；借助 GE 产业园建设，专攻世界最前沿领域的抗癌新药的百济神州、基因沉默技术的锐博生物和绿叶生命科学集团入驻广州，生物技术在制药和临床医疗领域的应用也会日渐普及。目前，借力与新加坡国际制造创新中心（SMIC）的合作，在机器人技术和工业自动化、增材制造、增强现实（AR）、工业物联网（IIoT），以及大数据分析等也可能挖掘出新的创新性应用技术，进而推动新一代电动车、智能城市交通系统、营养与食品科学、大型公共建筑与城市可持续发展、污染控制与环境修复、生物医学材料和医疗器械等行业及领域的发展。

二、存在的问题

总体上看，产业功能空间主要是制造业的产业发展空间，其与新科技、新产业发展密切相关。从自身状况和相关技术应用状况来看，产业功能空间仍然存在不少问题，主要体现在以下几个方面：

（1）新科技对产业功能空间的转型、升级、改造作用发挥还不够充分，产业功能空间产出效率有待提升。目前，虽然在新一代信息技术、生物技术及人工智能领域的科技应用有一些起色，但总体还没有形成规模；虽然规划建设了广汽智联能源汽车园区，但是原有的传统汽车产业园区建设还没有转型升级。

（2）对原有产业功能空间的调整力度不足。石化产业的空间调整进展力度也还不够大，难以实现城市产业功能空间的整体优化；产出效率低下、布局混乱的产业功能空间大量存在，特别是镇村的工业园区。

（3）现有产业功能空间的整体布局不够科学。与交通、居住、商贸等功能空间的融合存在不足，产业功能空间与城市生活空间的统筹协调不够，特别是缺乏远景性的动态协调，导致产业功能空间发展到一定程度后成为城市发展的一个"高度饱和区"。

（4）产业功能空间建设规划的战略性谋划尚存不足。面向未来的高容积率、立体化发展、全产业链型的价值产业园区还非常少，需要提前规划。在促进产业功能空间"产城融合"的同时,还一定程度存在"房地产化"的倾向。

三、布局趋势

总体上看,未来在众多新科技影响下,对广州城市产业功能空间会产生协同效应、增强效应、替代效应、融合效应、衍生效应及挤出效应(见表9-5),并将呈现以下几个明显趋势:

(1)新科技推动下产业功能空间需求出现分化。随着新科技的发展,传统的劳动密集型、资本密集型工业向交通良好的郊区转移;知识或技术密集型工业或研发设计仍然可留在城区,因此,产业功能空间的需求逐渐向高新技术产业转化。大型化、综合性及高科技的产业园区将呈现集聚发展趋势,空间布局上将在原有的重点产业园区上不断优化升级,逐步发展成为新型的价值园区,成为全球价值链的高端环节。

表9-5 新科技对广州城市产业功能空间的影响分析

作用方式	主要表现
协同效应	产业园区、高新技术开发区等大量扩张
增强效应	借助新科技提高整个产业劳动生产率和效益,增强单位空间经济效益产出
替代效应	在新科技支持下,出现越来越多更具经济效应的新兴产业,导致原有经济效应低下的产业功能空间被逐步取代
融合效应	以信息技术为重点的技术革命对不同类型产业的融合发展具有重要作用
衍生效应	每一种新科技的出现和应用均能够衍生对应的新兴业态,从而出现相应的产业园区
挤出效应	大量产业园区涌现,对城市生态空间、文化休闲空间等经济效应较低的功能空间形成挤占效应

(2)适应新技术、新经济的创新型中小企业的空间需求增长。

需要大幅降低这类企业的进入门槛，为它们提供良好的成长初始环境。规模较小、附加值较低、空间容积率较低的产业园区将在数量上有所减少，将逐步被产出效率更高、空间容积率更高的新型产业园区替代。

（3）产业功能空间的适度混合成为必然。在新科技影响下，产业园区的深入发展将不断融合商业、文化休闲等功能，从而形成新的混合型城市产业功能空间。

四、优化方向

新技术是广州未来产业升级的关键，应积极把握和顺应各种新技术的发展新趋势，不断优化广州城市产业功能空间，为广州迈向国际性大都市提供最强有力的支撑。为此，建议从以下几个方向进行优化：

（1）不断加强新科技对已有产业功能空间的升级改造。加快低效产业功能空间的改造升级，既要促进其与其他城市功能空间的适度混合，又要防止其"异化"为"房地产项目"。谋划并出台产业园区智能化升级改造相关的规划，加强新一代信息技术、智能制造、大数据、云计算等新技术在产业园区的应用，进一步增强园区物流链、供应链和生产链的高效协作，不断提高企业产品的新技术含量和生产效率，增强产业园区的产出效率。

（2）依托新技术增强产业功能空间与其他功能空间的深度智能化融合。加强人工智能、遥感、大数据等新技术在产业园区规划和管理信息系统领域的应用，提高产业园区建设、发展与规划之间的契合度，不断推进产业园区信息系统与交通、居住、商贸、生态、科研等功能空间的智慧化融合，不断提升产业园区的发展环境综合水平。

（3）加强对新技术的研究与跟踪，提前谋划并发展建设具有潜力的新兴产业空间。新技术的发展日新月异，要定期组织专家加强对各类新技术的跟踪研究，结合广州产业发展实际，积极谋划围绕汽车、机械、电子等工业机器人、特种机器人，以及医疗健康、家庭服务、教育娱乐等服务机器人的应用需求，积极研发新产品，促进机器人标准化、模块化发展，扩大市场应用。掌握汽车低碳化、信息化、智能化、网络化核心技术；积极鼓励可穿戴、远程诊疗等移动医疗产品，生物技术药物新产品，诱导多能干细胞等新技术和新产品开发。加快发展智慧家庭、虚拟现实等领域的新型信息消费电子技术，支持"产品+服务"模式，推动智能电视、虚拟现实头戴式显示设备等产品研发和产业化。针对智能制造、"互联网+制造业"等新兴领域，顺应移动互联网、大数据等信息技术快速发展的大形势，发展信息安全防护技术产品，建设以价值园区为发展方向的新兴产业园区。

（4）适应创新创业环境塑造的需求，积极增加创新型中小企业的空间供给。提前规划面向未来的高容积率、立体化产业链的产业园区。为促进新技术新产业的成长，要多措并举，降低创新型中小企业进入门槛。以产业园区为平台，引入有业界影响力的企业，联合科研院校等机构，构建跨区域协同创新空间，大力促进技术研发合作。

第六节 居住生活功能空间布局：技术影响与优化方向

一、广州居住生活领域新科技应用状况与前景展望

（一）应用状况

广州是一个有着1400多万常住人口的城市，居住生活领域的科技应用有着广阔的前景。目前，随着移动互联技术、智能技术等的应用，宽带网络、多媒体通讯、数字电视以及远程办公系统和电子购物等已成为市民日常生活、学习和工作的必需品。居家生活中门禁管理系统、安全监控系统、智能遥控家具电器、智能社区管理等逐渐普及。近年，万科、绿地、郎诗绿色地产等开发商在雨水回收循环技术、屋面保温、节能玻璃等材料和技术应用也逐步展开，装配式建筑也在试验之中。具有清洁家具、打扫卫生功能的家用机器人逐渐运用于部分家庭。

（二）前景展望

未来，新科技将会在城市居住、生活方面扮演重要角色。新型信息技术、人工智能、新材料、新能源技术、3D打印大型建筑墙体技术等的进一步应用，将对城市居住生活产生重大变化。如在居住建筑方面，"装配式城市"将成为一个新建设模式。城市居住生活将朝着更加舒适、灵活、人性化订制、模块化方向发展。

二、存在的问题

总体上看，尽管新科技对广州居住生活功能空间产生了重要的积极影响，但仍然存在不少问题，主要体现在：

（1）居住功能空间增长过快，而且整体扩张过于无序，对产业园区、生态空间等造成不利影响，影响广州城市空间整体发展。

（2）城市中心区的居住区与商业、教育、医疗等功能区过于混杂，不利于中心城区高端服务业的发展。

（3）居住空间与交通空间、生态空间等重要功能空间的融合不足，城中村还存在大量低效率的居住空间，外围的居住区居民大部分依靠小汽车出行，增加了大量城市通勤。

（4）缺乏面向未来的城市居住空间规划，尤其是对大型城市综合社区建设和面向老年社会的居住空间的发展缺乏规划引导。

三、布局趋势

众多新科技对城市生活居住功能空间协同效应、增强效应、替代效应、融合效应、衍生效应及挤出效应将逐步显现（见表9-6），广州的城市居住生活功能空间将呈现以下几个明显趋势：

（1）在新科技革命的影响下，城市居住生活空间的智慧化、复合化程度将明显提升。随着移动互联技术、智能技术、能源互联网等应用，远程办公系统、电子购物、智能遥控家具电器、智能社区管理等直接与居住生活空间相联，一方面提升了城市居住生活功能空间的智慧化程度，另一方面使城市居住生活空间的功能也走向复合化，如将逐步具备家庭办公、远程家务管理、社区智能管理等功能，同时，一个家居空间还可能是一个小型发电厂。

（2）在现代交通技术的支撑下，广州未来居住生活空间将延续蔓延化趋势。在区位选择上将更多地向郊区扩展，大型化的生活社区将会呈现集聚发展趋势，空间布局上将逐渐从原来的中心城区分离，主要布局在生态环境优良、交通便捷的城市外围区域,这些大型社区内部将融合教育、医疗、小型商业等综合功能。

(3)个性化城市居住生活空间不断涌现。老人化社会的到来,在环境良好、交通便捷地区融合养老、医疗、保健等多功能的新型生活空间将会不断出现;居住生活的"第三空间"将在交通智能化技术的推动下悄然出现,私人交通及其他公共空间将可能成为城市居住生活功能空间的混合体。

(4)城市居住生活空间的建造模式也将发生新的变化。个体的智能家居是可以通过3D打印等方式来生产的,然后加以装配即可;智能居家、家政产品(包括家用的个性化机器人等)将作为一个产品整体生产和出售,因此,围绕智能家居、家政服务等服务的产业园区将不断增加并涌现一些新型的家居产业园。

表9-6 新科技对广州城市居住生活功能空间的影响分析

作用方式	主要表现
协同效应	新科技协同居住生活的诸多功能项
增强效应	在新科技的支持下,能够建设容积率更高、舒适性更好的居住空间
替代效应	在新科技支持下,网上购物、远程会议、网络交流等逐步替代现场活动和城市通勤
融合效应	城市居住空间的大幅度增长,促使房地产繁荣发展并衍生以房产交易、家政服务、家庭装修、智能家居等新业态,房地产企业如雨后春笋般出现,围绕家居产品制造业的专业产业园区也大量衍生
衍生效应	信息技术支持下,教育、聊天、旅游、文化、游戏等主题性虚拟社交空间大量衍生
挤出效应	居住功能空间的大幅度快速扩张,对产业功能区、生态功能区、文化休闲功能区形成挤占效应

四、优化方向

未来，广州居住功能空间的优化升级离不开各种新技术的支撑，应积极把握和顺应交通与信息技术的发展新趋势，不断优化广州城市居住功能空间，为广州打造面向国际化的宜居宜业大都市提供支持。为此，建议从以下几个方向进行优化：

（1）不断推进居住功能空间的信息化与智能化升级改造工程。制定老旧居住空间的升级改造计划，逐步淘汰容积率较低、信息化智能化水平较低的居住空间，加强新一代信息和智能技术在居住空间的广泛应用，不断提高居住空间的智能化水平。

（2）谋划面向未来的城市居住空间布局。积极改善和适度控制广州居住空间扩张过于快速和无序的现状，针对广州目前城市中心区的居住区与商业、教育、医疗等功能区过于混杂以及城中村还大量存在的局面，需要积极借鉴国际性大城市的发展经验，谋划面向未来的居住空间布局，引导中心城区居住空间逐步朝生态环境更好的郊区和外围区域布局，为广州中心城区发展面向国际化的高端服务业腾出空间。

（3）借助新技术推进居住空间与其他功能空间的深度融合。随着未来广州居住空间初步朝外围区域布局，需要借助新技术实现居住空间与交通、生态、商贸、教育等功能空间的深度智能化融合，进一步提升居住空间的运行效率。

（4）谋划建设以智能家居为重点的新兴价值园区。在人工智能、新一代信息技术等新技术的影响下，围绕智能家居、家政服务等为重点产业园区将不断增加并朝价值园区方向发展。

第七节 教育科研功能空间布局：技术影响与优化方向

一、新科技在科研教育领域应用状况与未来展望

（一）应用现状

广州作为华南地区的科教中心，新科技在科研教育领域的应用具有一定领先性。网络信息技术对促进教育公平、更好地配置教育资源方面的作用得到了充分的肯定。通过在教育领域建立互联网平台，运用网络信息技术手段可以拓展优质教育的影响面，逐步提高各级各类教育的质量。网络信息技术还为形成全民学习型社会，为广大人民群众提供更多的教育资源，提高全民族素质提供了很好的平台。但是，在网络教育时代，如何避免个性发展到极端、增强协作精神、有效规避不良网络信息带来的对社会生活及安全的冲击等问题，仍需要高度关注，加以解决。人工智能技术在教育领域的应用技术主要包括图像识别、语音识别、人机交互等。比如通过图像识别技术，人工智能可以将老师从繁重的批改作业和阅卷工作中解放出来；语音识别和语义分析技术可以辅助教师进行英语口试测评，也可以纠正、改进学生的英语发音；而人机交互技术可以协助教师为学生在线答疑解惑。新材料技术为科研活动提供了更多先进科学的仪器设备和实验室。

（二）前景展望

新能源技术、交通技术、新材料技术和生物技术是未来科研攻关的关键领域。在新科技革命的背景下，广州要在国际竞争中占有主动地位，必须把握技术变革的大趋势，对标国际先进城市，加大前沿科

学研究的投入力度,鼓励本区域高校和科研机构在这些领域的基础研究、前沿技术研究等方面进行原始创新,在世界科技创新格局中拥有一席之地。瞄准世界科技前沿领域和顶级水平,结合区域基础条件和优势,明确未来一个时期科技创新的重点方向,加快推进一批重大科技创新工程和产业技术项目,促进基础研究与应用研究、技术开发相贯通,实现原始创新与再创新、集成创新融合迸发,形成全球领先的科技成果。

二、存在的问题

总体上看,尽管新科技对广州教育科研功能空间产生了重要的积极影响,但仍然存在不少问题,主要体现在:

(1)城市教育科研功能空间布局不均衡。质量较高的学前教育、小学教育资源空间分布过于集中在房价昂贵的中心城区,造成教育科研资源的空间分布不均衡。

(2)城市教育科研空间的共建、共享不足。受单位体制、企业和管理理念的影响,教育科研空间共享的技术潜力远未发挥出来。

(3)城市教育科研功能空间存在结构性供给不足的问题。幼儿园教育、中小学教育及部分高等教育空间供给明显不足,国际学校(国际班)数量极少,高端教育科研培训及服务产业发展过于分散,高端化、品牌化发展步履维艰。

(4)科研空间载体的时尚文化氛围、社会交往氛围、创新氛围营造不够。将科研空间塑造成为知识型劳动者集聚、多元文化包容、创新创业活跃的创新性科研空间载体,是城市科研空间布局生成的重要标志。

三、布局趋势

新科技对城市教育科研功能空间的影响可以表现为协同效应、增强效应、替代效应、融合效应、衍生效应及挤出效应六种效应(见

表 9-7）。广州的教育科研功能空间将呈现以下几个明显趋势：

（1）在众多新科技影响下，城市教育科研功能空间总体上呈现分散与集聚并存的发展趋势。未来，专属某个机构的大型科研平台，将逐步向公共科研创新空间转变，数量增长的同时，在空间布局上主要集聚于中心城区和高等教育资源丰富的大学城。面向一般科研和企业的小型公共科研平台，将主要布局在生态环境优良、交通便捷的城市外围区域。

（2）城市教育科研功能空间具有更强的延展性。城市教育科研空间由过去纯粹的教育科研机构的空间载体逐步向非教育科研机构延伸，居家空间、媒体空间等都将可能成为教育科研空间。未来的科研平台将融合商业、娱乐休闲等综合功能，形成一个功能复合化的创新空间。

（3）普通教育功能空间的数量将大幅度增长，空间上主要布局于人口较为密集、交通相对便利的区域。

（4）高端、个性化教育和培训机构也同样会大量增长，主要集聚于城市中心城区，成为广州中心城区高端服务业的重要组成部分。

表 9-7 新科技对广州教育科研功能空间的影响分析

作用方式	主要表现
协同效应	越来越多研发平台在科研机构和企业中出现；人口增长、个性化教育导致公办和民办教育平台不断涌现
增强效应	依托新科技开发的仪器设备和先进实验室，极大增强了科研活动的能效；多媒体教学平台增强教学效果
替代效应	在新科技支持下，网上教学、远程科研会议等逐步替代现场教学和现场研讨
融合效应	在信息技术支持下，大量教育、科研等虚拟社交空间衍生
衍生效应	衍生了一系列为教育科研服务的行业，如科技研发服务业、教育培训等新兴业态，成为城市知识经济的重要组成部分，并出现很多专业教育科研产业园区
挤出效应	教育领域过于依赖新科技，导致师生之间的现场互动不断减少，不利于学生全面素质的塑造和提升

四、优化方向

广州未来教育科研功能空间的优化升级离不开各种新技术的支撑,应积极把握和顺应新技术的发展新趋势,不断优化广州教育科研功能空间,为广州建设国际创新型城市提供强大支持。为此,建议从以下几个方向进行优化:

(1) 不断推进现有教育科研功能空间的信息化和智能化升级改造。针对广州各单位和机构科研设备和信息共享机制不顺畅的现状,在进一步理顺体制机制的同时,重点加强教育科研资源的信息化共享通道的建设,提高全市教育科研资源的智能化管理和共享水平。

(2) 借助新技术不断强化教育科研功能空间与其他功能空间的深度融合。以大型科研机构、知名综合性大学等优质高端教育科研功能空间为重点,借助信息化和智能化手段,不断加强与交通、产业、服务、文化休闲等功能空间的柔性化融合,为其他功能空间的高效运行提供强大支持。

(3) 进一步提高教育科研资源的总量和区域分布之间的均衡水平。顺应广州人口与居住功能空间的发展变化趋势,加强人工智能与信息技术在教育科研资源管理系统领域的应用,智能分析各区域对教育科研资源的动态需求,提前谋划各类教育科研资源的建设,不断提升有限的教育科研资源的利用效率。

(4) 谋划培育高端教育科研服务领域的知名品牌,建设以教育科研服务业为核心的新型价值园区。依托广州教育科研资源丰富的优势,加强人工智能、新一代信息技术等新技术在科研教育服务领域的应用,改善高端服务产业发展过于分散的局面,谋划以高端教育科研服务和教育科研仪器设备制造为重点的新型价值园区建设。

第八节　城市服务功能空间布局：技术影响与优化方向

一、新科技在广州服务领域的应用状况与前景展望

（一）应用状况

广州是服务业发展比较充分的城市，在三大产业结构中，服务业的比重达到68.56%，接近发达国家的产业服务化水平。网络信息技术广泛地渗透几乎所有领域。云计算作为一种新兴的商业计算模式，成为驱动信息产业新一轮发展的强大引擎，催生出移动互联网、大数据、卫星导航等一批新业态；新一代信息技术催生跨境电子商务、城市配送物流、互联网金融、航运金融、数字会展等一批新业态，虚拟交易和虚拟服务大幅度地替代了传统实体门店交易；传感技术、图像识别、物联网技术等在城市商业、物流、餐饮、供电、供气、供水等服务行业中广泛应用；商用机器人也逐渐在商场、家政等领域施展拳脚。

（二）前景展望

未来在新科技的支撑下，传统城市服务功能空间将进一步延伸。借助现代信息技术，城市服务功能将延伸至私人的家庭空间。在家电售后服务、家政服务、机器人服务逐步进入居住、商业、工作空间。大数据技术将在服务需求调查以及精准服务方面，提供科学的支持。开发新型能源与再生能源，新材料、节能减排技术的运用将促进城市转型中的节能减排和可持续发展。未来随着生物医药技术的深化应用，广州在生物医药技术支持下的医疗服务功能将更加强大。按照相

关的规划，广州将在知识城引进中山大学、泰和诚、皇家丽等国内先进的肿瘤医院，中大恒健、泰和诚等两个质子治疗中心和以色列EWA项目，建设肿瘤医疗集聚基地、质子治疗装置产业化基地。

二、存在的问题

总体上看，尽管新科技对广州城市服务功能空间产生了重要的积极影响，但仍然存在不少问题，主要体现在以下几个方面：

（1）科技应用潜力在政务服务中尚未很好发挥出来。政府服务中心对各职能部门的功能整合还不够全面和完善，信息共享程度不足，智能化程度还相对较低，即使在同一政务中心里，不同类型政务服务的业务流程协作难度也较大。

（2）政府服务功能空间与交通、商业、娱乐休闲等功能空间的融合程度偏低。目前，政务服务空间功能过于集中而单一，政务服务的扁平化、社区化程度不足，形成交通流量的局部过度集聚，交通便利程度亟待提高。

（3）城市服务功能空间的国际化对接不足。面向国际化的高端城市服务功能空间建设较为薄弱，如高品质中央商务区（CBD）或高品质中央商务休闲区（TBD）、国际化社区、国际人才公寓（区）、国际医院（或高水准的国际服务区）以及高品质的物业管理等，与全球城市建设的目标相比差距很大。

三、布局趋势

新科技影响下，广州城市服务功能空间的协同效应、增强效应、替代效应、融合效应、衍生效应及挤出效应及其相应的表现见表9-8，由此也使广州城市服务功能空间呈现以下几个明显趋势：

（1）在众多新科技影响下，城市服务功能空间总体上呈现集聚发展趋势，未来，基本的城市服务功能将进一步集中，借助网络信息和大数据技术将全市各区的城市服务功能集中到统一的平台，而现场咨询点将分设在交通便捷（特别是地铁站点周围）的城市外围区域和重点功能区。

（2）高端、个性化的医疗、保健等城市服务功能将会增加，而且将布局在交通便利、生态环境良好的城市郊区。

（3）随着广州国际化发展日益深入，大量面向国际人士的教育、医疗、卫生、咨询、法律、培训等专业服务空间将出现在城市中心城区及周边区域的中心区。

表9-8 新科技对广州城市服务功能空间的影响分析

作用方式	主要表现
协同效应	信息化能够通过信息系统的应用和信息资源的整合提升城市服务的管理协调水平
增强效应	借助网络信息技术增强城市生产性服务功能和生活性服务功能
替代效应	在新科技支持下，网上政务服务中心可替代现场办事和减少城市通勤
融合效应	在新科技支持下，城市服务功能被信息化和集中化，衍生了以政务服务中心、医疗卫生等为重点的服务功能空间
衍生效应	信息技术支持下，政务服务、政务职能部门与市民、企业之间的互动虚拟社交空间被衍生出来
挤出效应	城市及政务服务借助信息技术被信息化和虚拟化到互联网，存在许多潜在的风险，有可能导致城市服务功能被中断，对城市健康运行造成不利影响

四、优化方向

广州未来城市服务功能空间的优化升级需要各种新技术的广泛应用，应积极把握和顺应新技术发展动态，不断优化广州城市服务功能空间，为广州未来智慧城市发展提供基本支撑。为此，建议从以下几个方向进行优化：

（1）不断加强城市服务功能空间的信息化和智能化水平。针对广州目前政府服务中心对各职能部门的功能整合还不够全面和完善的局面,进一步加强新一代信息技术、云计算、大数据及人工智能等技术在政府服务系统领域的应用水平,大幅度减少因到政务服务部门办事引发的城市通勤,不断提高广州城市运营和管理的智慧化水平。

(2)借助新技术推进城市服务功能空间与其他功能空间的智能化融合。城市服务空间作为广州政府部门与居民、企业、外部政府部门沟通协调的重要平台,需要借助新技术加强与交通、商业、娱乐休闲等功能空间的柔性化融合水平,提高城市服务空间的便捷性和便利性。

(3)谋划面向国际化大都市的高端城市服务功能空间。广州作为以迈向国际化大都市为目标的国家重要中心城市,需要借助信息技术、人工智能技术等新技术,重点在城市中心区、重要产业园区、白云国际机场、广州南站、广州火车站等重点区域增强面向主要国家的信息咨询、法律顾问、金融服务等国际化服务,为广州营造高水平国际化营商环境提供强大支持。

(4)加强城市服务功能空间的信息安全保障。未来广州的城市服务功能空间将汇集各职能部门海量的运营信息,需不断强化信息安全水平,为各类城市功能空间的稳健、高效率运行奠定坚实基础。

第十章　主要结论与策略建议

新科技革命对城市功能空间的影响是深远的和复杂的，其促进城市功能空间复合化、绿色化、智能化、柔性化、外延化方向发展，并促使城市功能空间出现全新图景。为适应新科技革命带来的城市功能空间变化，需要前瞻性采取相应的空间发展策略。一是把握新科技新趋势，重视新科技带来的城市功能空间建设理念和发展模式的变化；二是为新科技转化为新战略产业储备足够的产业发展空间，助推城市的空间战略转型；三是夯实新科技新基础，超前布局新科技新产业基础设施；四是积极运用新科技建设枢纽型网络城市，助推城市功能空间的系统协调；五是重视城市虚拟空间，注重城市功能空间的人文设计；六是树立和提高技术风险意识，塑造城市功能空间的技术安全特区。

第一节 主要结论

一、各技术领域对城市功能空间的影响存在融合性、复合化趋势，空间建设新理念的转型和实行将带来城市发展新图景

从各技术领域与城市功能空间的联系特性看，网络信息技术、现代交通技术属于直接的空间关联性技术，它们是压缩时空距离、推动城市空间的扩展、加强区域间联系的主要技术支撑；其他类型的技术也不同程度地改变了各类城市功能空间的联系和特性。

网络信息技术与人工智能技术对城市功能空间布局的影响是结合到一起的：两者共同推动广州城市功能空间扩张，城市空间布局结构也将由单中心朝多中心、网络化方向发展；创造全新的城市虚拟空间，助推城市功能的整体协调，实现城市各功能空间的无缝对接和整体智能协作；融合不同类型的城市功能空间，形成全新的、更具效率的综合性城市功能空间；催生以电子制造、软件信息业和人工智能产业为重点的产业园区，衍生无人工厂、无人商店等诸多新的产业业态；对城市超级空间实时智能监管和预警，加速城市虚拟空间与实体空间的有效对接，从而在整体上铸就虚实结合、内外相容的超级城市空间。

现代交通技术对于城市功能空间的影响是巨大的，它的发展应用将深刻推动城市交通功能空间的结构转型。发展新型交通工具和交通模式，将催生包括适应无人驾驶道路、建设无人机配送仓、新能源汽车充电等城市新型交通基础设施建设；交通枢纽将因无人驾驶和共享交通而向小型化、分散化发展。交通效率进一步提高，使传统交通空间需求逐渐转向其他功能空间，人行道等步行空间逐渐形成一个多元

复合空间；停车场等静态交通空间分布和需求发生变化，未来，无人驾驶技术和共享经济的推进将使车辆的使用率大大提高，停车需求也可能逐渐减小。汽车将成为"第三空间"并发挥多功能性；无人驾驶在货运物流、快递派送、城市保洁的广泛应用以及智能物流的发展，促进夜间交通空间利用率的提高；新能源汽车发展将促进加油站功能重构；现代交通技术的发展应用将进一步拓展城市社会交往功能空间，有助于改善城市生态空间，也推动城市居住功能空间的地域变迁和蔓延。

新能源、新材料和现代生物技术作为形成城市空间填充物质的主要构成和影响因素，将综合其他各种技术成分从以下方面深刻影响城市功能空间布局：

（1）能源互联网的形成，将推动城市能源供给功能空间的重大转型；新材料技术赋予城市功能空间防潮、防火、保温、灭菌等新特性，出现"装配城市""组装式建筑"等颠覆城市功能空间建设的新概念，促进城市功能空间朝大型化、复合化发展。

（2）促进城市空间的绿色化、低碳化。现代生物技术将使城市绿色生态功能空间更为强大，中心城区农业空间功能可能实现"回归"，有助于改善城市生态功能空间品质。

（3）相关产业空间不断成长。新能源技术的发展应用将催生智慧能源功能空间需求加速增长，新型能源产业园区加速形成；新材料技术将使城市主导产业实现更大规模的空间扩张；生命健康产业空间增长成为广州发展的现实需要，生物能源技术还将催生城市能源生成新空间。

（4）新材料技术与信息技术、生物技术、能源技术相互融合，将推动城市功能空间的跨界融合，尤其是深度生物智能空间的创新生成成为可能的现实，进而也颠覆城市功能空间的相互关系。

综合上述各领域技术影响展望，城市空间的融合性、复合性将大为增强；随着各领域技术应用深度的增加，相应产业功能空间需求将明显增长；进而颠覆既有的城市功能布局和建设理念，并将给城市功能空间发展带来新的图景。

二、新科技革命背景下各主要类型的城市功能空间出现新的趋势，需要进一步促进各类城市功能空间的协调，在空间的增量和存量、集聚与扩散、体量和规模上做出科学安排

新科技革命背景下，广州作为一个超大城市，各类型城市功能空间的变化有明显差异，推动各城市功能空间的深度融合成为城市的一个整体战略。对于各类型城市功能空间来说，需要抓住重大的战略性技术影响，顺应城市空间功能的趋势性方向，加强城市功能空间的布局调整。

交通功能空间具有明显的短缺特性，新科技将带来颠覆性影响，交通功能空间将面临重大的结构性调整，无人驾驶与有人驾驶交通系统，地下、地上及低空交通方式协调，交通枢纽站点与线路安排，都需要做战略性谋划。商贸功能空间也将面临大的空间结构演变，网络扁平化、大集中小分散的格局成为必然，城市"智能商贸"、"智能物（商）流"空间，并相应地谋划新型高效的自动化配送、低空配送、专用配送等城市物流配送通道和智能化配送体系。维护城市绿色生态空间功能，需要强化人工生态系统的塑造及其对其他城市功能空间的环境性渗透，建设现代化绿色基础设施，推动城市社会生产、生活方式的绿色低碳转型。城市文化休闲空间体现出一种突出的软体化功能，其延展性、渗透性将不断得到强化；以新技术提升文化休闲空间的创意性品味，塑造更多的新型文化休闲空间形态，实现文化休闲理念的精深化和促进文化休闲虚拟空间与实体空间的无缝对接与融合，是城市文化休闲空间塑造方面具有长远价值的方向。就产业功能空间而言，需要加快低效产业功能空间的改造升级，促进其与其他城市功能空间的适度混合，又要防止其"异化"为"房地产项目"；加强对新技术的研究与跟踪，提前谋划并发展建设具有潜力的新兴产业空间；在城市空间供给"高门槛"的情况下，必须适应创新创业环

境塑造的需求，积极增加创新型中小企业的空间供给。科研教育功能空间的塑造对城市的创新驱动发展及外在形象塑造意义重大，要进一步增加教育科研空间资源的总量和提高区域分布之间的均衡水平，谋划培育高端教育科研服务领域的知名品牌，建设以教育科研服务业为核心的新型价值园区。城市服务功能空间的配置对提升新型城镇化的质量和水平至关重要，需要进一步促进城市医疗、家政服务、生活服务等服务空间的品质化、均衡化，需要谋划面向全球城市的高端城市服务功能空间，强化城市服务功能空间的信息安全保障。

综合上述城市功能空间布局的发展趋向，城市空间结构的战略调整和转型成为必然。在增量空间上应重点关注技术引致的产业功能空间的增长，增加相关产业空间的供给；在存量空间的优化上，要更加注意各功能空间的融合发展和结构调整，促进传统城市功能空间的有效转型。在空间建设模式上，应关注城市功能空间集聚与分散的不同趋向需求，科学安排不同各类城市功能空间。在建设体量和空间规模上，要适应不同城市功能空间的不同规模体量需要，从长远战略上谋划城市空间功能布局的关键节点。

第二节　策略建议

总体上，新科技革命有利于构建更加高效协同、面向未来的城市功能空间体系。为适应未来技术发展和空间战略转型，需要重点关注和跟踪新科技的发展及其在广州的应用，最大限度地满足先进技术的空间需求，不断适应技术变革带来的空间调整，提高城市功能空间的产出效率。在策略上，需要重点关注以下方面。

一、把握新科技新趋势，重视新科技带来的城市功能空间建设理念和发展模式的变化

新科技通过对企业选址、产业结构、劳动力使用、居民生活方式等产生作用，进而影响到城市功能空间演化，从而日益成为城市空间演化的新的内在动力。在新科技革命影响下，城市功能空间演化的速度加快，演化方式由量的外在扩大向质的内在结构转变延伸，并且演化内容正逐步趋向于城市内部结构的重新布局和调整。在此背景下，要适应新科技带来的城市功能空间建设理念和发展模式的变化，大胆采用新的城市建设技术，建设装配式城市、绿色低碳城市，运用新科技建设超大规模、极端条件的城市工程，推动城市向着更加时尚先进的技术领域迈进；与此同时，充分运用新一代信息技术、人工智能、大数据等技术拓展城市规划的理论与实践，提高城市规划的科学性、艺术性和创造性。

二、为新科技转化为新战略产业储备足够的产业发展空间，助推城市的空间战略转型

在新科技革命深入影响下，大量具有高附加值和产出效率的新兴

业态不断涌现，对现有的产业链、价值链、供应链产生了巨大影响，这为广州城市产业功能空间的产出效益提供新的机遇。在日益激烈的区域竞争中应积极抢占机遇的制高点，为此，应结合现有产业发展战略需求，鼓励新科技的革新和应用，塑造城市功能新空间。

（1）重点依托思科广州智慧城、广汽智联新能源汽车产业园、中铁隧道局全国总部等新型价值园区建设，积极探索新一代价值园区规划建设经验，塑造新科技革命下的新产业空间。

（2）充分利用新科技推进现有产业园区转型升级。推进产出效率低下产业园区特别是农村集体建设用地的产业园区的升级改造，积极利用新科技推进新型高容积率产业园区建设，探索处于同一条产业链上下游之间企业在立体产业空间上集聚发展道路，为新业态产业腾出发展新空间。

（3）利用新科技将不同区域的产业园区进行虚拟融合。借助新一代网络信息技术、大数据、人工智能等技术推进园区之间的信息流、资金流等高速虚拟通道建设，促进地处不同区域而在产业链上有紧密关系的企业之间的深度虚拟融合，进一步提高企业之间的协作效率。

三、夯实新科技新基础，超前布局新科技新产业基础设施

新科技革命将带来城市功能基础设施的重大变革。适应新科技发展和应用的战略需求，必须前瞻性地建设具有更高效率的基础设施，对已有基础设施要加强管理和维护。

（1）要提前布局更高效的网络系统。5G 网络、新一代 Wi-Fi 等是未来信息社会的关键性支持，需要提前谋划并抢先布局，为新兴产业发展、智慧城市建设运营提供基础设施方面的强大支撑。

（2）建设和完善更高效城市交通功能空间，大力推进地铁、高铁、城轨等高效率城市交通基础设施建设，进一步提高其网络化、智能化水平，提前布局无人驾驶、低空飞行等交通基础设施的建设。

（3）依托广州市民网页平台整合网络身份信任服务，建设广州全市统一的电子证照服务平台，促进数字证书在政府网上服务、市民、企业网上办事、网络银行、电子交易、社会服务等电子政务和电子商务领域的广泛应用。

四、积极运用新科技建设枢纽型网络城市，助推城市功能空间的系统协调

在新科技革命影响下，广州城市各功能空间之间的关系发生显著变化，现有模式难以适应未来的技术变革需要。广州目前偏单中心的结构状态容易引致更多的城市通勤，服务空间、居住空间、商业空间、产业空间等不同类型城市功能空间的失衡性混杂，导致效率低下，城市运行压力增大。为此，应以新科技为支撑，推动多中心的枢纽型网络城市建设，引导城市科学、有序发展。

（1）要加快构建南沙城市副中心，积极推进多中心城市建成。充分利用好南沙区的区位优势和政策优势，合理抑制房价上涨，构建能够大幅度集聚人口的居住空间，带动服务业聚集并促进服务型功能空间的发展；利用高速城轨、无人驾驶、低空飞行等新交通技术完善和打造更高效的连接中心城区和外围区域的城市交通通道；利用自贸区政策优势构建面向全球的国际交流和经贸合作新功能空间，不断承接广州中心城区功能，逐步形成广州新城市副中心，成为广州未来城市发展的新引擎。

（2）利用新科技提升各类城市功能空间的效率，促使各类功能空间布局更合理，同时促进功能空间之间的有机联系。广州现有各类城市功能空间在布局上过于混杂，容易造成各类空间的效率低下，而且各类功能空间之间的协同效应也同样低下。未来广州的各类城市功能空间应该整体互联又相对独立，即各大片区具有区域性中心区和其他配套功能空间，各片区之间有高效的交通通道和虚拟通道进行互联互通。如未来广州居住空间须逐步朝生态环境良好的外围布局，探索和推进新一代超大型城市综合社区建设，通过地铁、快速路等高效率

的交通通道与中心城区、商业区、产业区等其他功能空间进行高效互联，通过城市虚拟空间和虚拟通道完成大部分日常生活和商务活动，如此更有利于打造更高效、更宜居的城市居住空间。

（3）利用新科技不断强化外围与中心城区的联系，优化城市整体空间布局。未来广州城市中心地区主要以高端服务业为主，中心提供了大量外围地区难以提供的高端服务型产品，如研发、高级别的医疗、金融、商务、大规模商业设施等。而以工业空间为主的外围地区恰恰是这些多样化服务型产品的需求者，因此，需要借助新科技强化二者之间的联系，加速广州中心区对外围地区的扩散，促进外围地区全面发展，带动广州城市整体发展水平的提升。

五、重视城市虚拟空间，注重城市功能空间的人文设计

在新科技的支撑下，城市虚拟空间快速扩张，已经发展成为现代城市的重要组成部分，对城市经济社会发展产生了深刻影响。高度技术化的城市功能空间同样需要注重人文设计，使广州城市更宜居和更具文化个性。

（1）高标准建设国际信息网络枢纽，夯实城市虚拟空间基础。以建设国家新型智慧城市先行区为抓手，实施"互联网+"行动计划和大数据、云战略，搭建虚拟型国际化网络交易、集散、交流、合作、信息平台及空间，打通高效连接国内外信息流、物质流、资金流、技术流、数据流的"大动脉"和新空间，为广州城市虚拟空间建设奠定基础。

（2）要加强网络空间综合治理。畅通民意信息收集、分析和处理渠道，搭建公众诉求和民意表达信息平台，主动及时回应社会关切，促进政府公众交流互动。依法加强网络空间治理，加强网络内容建设，加强网上正面宣传，培育积极健康、向上向善的网络文化。加强对互联网舆情的收集、分析和掌控，及时掌握和引导互联网舆情动向，维护公共利益和社会安全。建立完善网络空间诚信体系，铸就诚

信网络空间。推动工商、文化、税务等部门的执法管理向网络延伸，监督网络运营和信息服务等企业履行网络监测和信息审核义务。完善网络法规和管理制度，依法打击利用互联网进行的各种违法犯罪活动，推动网络管理、网络运用、网络服务在法治轨道上健康运行。

（3）重视以人为本理念，更加注重城市功能空间的人文设计。如新型中心商务区尽管在集聚程度和自动化程度越来越强的同时，大幅度减少了人员之间的面对面接触，这种过于机械化和冰冷的办公和商务模式使城市商贸功能区缺乏人情味，因此，未来广州的中央商务区必须更加注重以人为本，尊重人、满足人的高层次需求，应该更加注重人文设计，增加足够的娱乐休闲和生态功能空间。

六、树立和提高技术风险意识，塑造城市功能空间的技术安全特区

新科技的发展一方面给广州城市的未来发展带来了新愿景和新活力，另一方面为城市未来发展带来许多潜在风险，需要重视新科技应用带来的可能负面影响，防止过于依赖技术，警惕"技术万能论"观念泛滥，时刻保持风险意识，不断强化技术安全保障。

（1）特别关注城市信息安全。以网络信息技术为核心的新科技革命尽管为广州城市发展注入新动力，但目前的操作系统、数据库、网络传输等信息技术还不够完善，存在不少潜在风险。而且大量核心硬件系统都来自国外，一旦出现黑客攻击，都有可能使城市某个功能瘫痪，从而极大影响城市的正常运行。为此，要完善城市信息安全基础设施，提供城市信息安全态势监测、预警和应急处置能力；强化重点领域信息安全保障，提高电子政务等重点领域的信息安全整体水平，塑造安全的城市虚拟空间。

（2）特别关注人工智能和生物技术等带来的人类生命和伦理安全，防止恶性技术对城市功能空间的不良侵入。未来，人工智能超越人类智能，一些不加控制的人工智能产生危害的可能性也越来越大，黑客、病毒等人为因素对人工智能产品如儿童看护机器人、助老机器

人或其他智能系统等的恶意控制，将产生不良后果。因此，需要对人工智能设备进行伦理设计，使其具有一定的道德判断与行为能力；同时要进行技术应用范围限定；限制人工智能的自主程度和智能水平，建立人工智能安全标准与规范。现代生物技术通过改变和操纵生物遗传信息，达至改变生物特性的目的；但也可能导致生物群种失衡、生态破坏、人体健康受到威胁等问题，因此，未来城市功能空间的设计需要考虑必要的技术进行空间限制。

参考文献

[1] 毕秀晶. 长三角城市群空间演化研究 [D]. 上海：华东师范大学，2014.

[2] 博世资讯. 城市智能交通出行：博世着眼未来智慧城市 [EB/OL]. 博世资讯小助手公众号，2017-07-05.

[3] 才让. 新技术、新材料支撑循环经济发展 [J]. 新材料产业，2005（10）：43-47.

[4] 曹春梅. 浅议新科技革命对当代社会发展的影响 [J]. 传承，2008（6）：126-128.

[5] 曹芳洁，邢汉发，侯东阳，等. 基于POI数据的北京市商业中心识别与空间格局探究 [J]. 地理信息世界，2019，26（1）：66-71.

[6] 曹阳，甄峰. 基于智慧城市的可持续城市空间发展模型总体架构 [J/OL]. 地理科学进展，2015（4）：430-437.

[7] 陈汉君，董莎，钱龙. 我国新材料产业发展研究 [J]. 科技展望，2017，27（9）：289.

[8] 陈建勋. 中国新材料产业成长与发展研究 [M]. 上海：上海人民出版社，2009.

[9] 陈瑞峰，张丽，魏珣. 我国化工新材料产业发展现状及应用热点（下）：绿色环保新材料与新型民用新材料 [J]. 化学工业，2011，29（8）：1-9.

[10] 陈志成，白庆华. 城市信息化战略与城市发展战略匹配模型研究 [J]. 同济大学学报（社会科学版），2011（4）：48-53.

[11] 崔丽媛. 图解：智能驾驶＝无人驾驶？NO [EB/OL]. 交通建设与管理公众号，2016-10-28.

[12] 杜严勇. 人工智能安全问题及其解决进路 [J]. 哲学动态，

2016（9）：99-104.

[13] 杜张颖，陈松林. 南京都市圈经济发展时空分异与空间结构分析［J］. 福建师范大学学报（自然科学版），2019（2）：104-108.

[14] 樊春良. 新科技革命和产业变革趋势下中国科技强国建设之路［J］. 科技导报，2018，36（21）：63-68.

[15] 冯昭奎. 中国的机器人产业发展与新科技革命［J］. 人民论坛·学术前沿，2016（15）：6-21.

[16] 傅原. 未来材料技术对全球技术变革的影响：生物、纳米、材料技术的共协式发展（2015年预测）［J］. 新材料产业，2003（11）：13-16.

[17] 谷松岭. 新科技革命对中国科技发展的影响［J］. 人民论坛，2010（35）：104-105.

[18] 韩爽. 城市功能对城市空间发展格局影响的实证研究［J］. 商业时代，2011（32）：128-129.

[19] 韩晔彤. 人工智能技术发展及应用研究综述［J］. 电子制作，2016（12）：95.

[20] 韩跃. 战略性新兴产业空间布局研究：以北京市为例［D］. 北京：首都经济贸易大学，2014.

[21] 浩飞龙. 多中心视角下的长春市城市功能空间结构研究［D］. 长春：东北师范大学，2017.

[22] 何传启. 新科技革命的预测和解析［J］. 科学通报，2017（8）：785-798.

[23] 何哲. 通向人工智能时代：兼论美国人工智能战略方向及对中国人工智能战略的借鉴［J］. 电子政务，2016（12）：2-10.

[24] 和永昌. 浅谈新科技革命与全球产业变革对我国基础产业的影响［J］. 商，2015（19）：272-273.

[25] 胡丽，陈友福. 智慧城市建设不同阶段风险表现及防范对策［J/OL］. 中国人口·资源与环境，2013（11）：130-136.

[26] 黄春华. 城市功能、结构与空间形态学研究之一［D］. 长沙：

湖南大学，2003.

[27] 黄静. 新材料产业显蓬勃态势夯实高新技术发展基石：上海市新材料专项统计调查报告［J］. 新材料产业，2011（1）：40-43.

[28] 黄南，李程骅. 产业发展范式创新、空间形态调整与城市功能变迁：基于现代产业体系的城市转型研究［J］. 江海学刊，2015（1）：77-83，238.

[29] 金江军. 城市信息化与信息产业互动发展［J］. 电子政务，2005（8）：61-64.

[30] 康红梅. 城市基础设施与城市空间演化的互馈研究［D］. 哈尔滨：哈尔滨工业大学，2012.

[31] 康明中. 新的技术革命与城市经济［J］. 赣江经济，1985（4）：26-29.

[32] 李长虹. 信息化与城市空间体系的创新［J］. 中国软科学，2003（1）：117-122.

[33] 李嘉，林涛. 城市信息化与城市功能空间的相关分析［J］. 上海师范大学学报（自然科学版），2006（3）：81-87.

[34] 李磊. 习近平新科技革命观论析［J］. 社会主义研究，2017（2）：15-23.

[35] 李三虎. 广州发展战略性新兴产业路线图研究［J］. 城市观察，2011（1）：119-134.

[36] 梁红艳. 我国五大城市群物流业发展的空间网络结构及其运行效应［J］. 中国流通经济，2019，33（3）：50-61.

[37] 刘晨宇. 城市节点的复合化趋势及整合对策研究［D］. 广州：华南理工大学，2012.

[38] 刘承良，许佳琪，郭庆宾. 基于铁路网的中国主要城市中心性的空间格局［J/OL］. 经济地理，2019（3）：1-12［2019-03-25］. http://kns.cnki.net/kcms/detail/43.1126.K.20190305.1453.004.html.

[39] 刘金山. 生态化产业体系：广东的政策选择与支持系统［J］. 市

场经济与价格，2015（4）：4-8.

[40] 刘贤腾，周江评. 交通技术革新与时空压缩：以沪宁交通走廊为例［J］. 城市发展研究，2014（8）：56-62.

[41] 刘益东. 科技危机引发新科技革命和新产业革命［N］. 社会科学报，2018-09-13（5）.

[42] 吕泽宇. 人工智能的历史、现状与未来［J］. 信息与电脑（理论版），2016（13）：166-167.

[43] 马燕坤. 城市群功能空间分工形成的演化模型与实证分析［J］. 经济管理，2016（12）：31-46.

[44] 孟海华. 世界新技术革命与中国创新趋势及其对上海发展的影响［J］. 科学发展，2017（1）：105-113.

[45] 潘海啸，沈俊逸. 城市转型中的节能减排与可持续发展［J］. 上海城市管理，2014，23（6）：20-23.

[46] 庞仁芝. 当代资本主义新科技革命论要［J］. 中国延安干部学院学报，2013（1）：100-109.

[47] 裴莲莲，唐建智，毕小硕. 多源空间大数据的获取及在城市规划中的应用［J］. 地理信息世界，2019，26（1）：13-17.

[48] 彭庆，徐强. 新建区城市空间形态研究［J］. 中共南昌市委党校学报，2019（1）：52-55.

[49] 彭文斌，文泽宙，邝嫦娥. 中国城市绿色创新空间格局及其影响因素［J］. 广东财经大学学报，2019（1）：25-37.

[50] 邱荣华. 新科技革命背景下科技服务业发展的创新研究［D］. 广州：华南理工大学，2015.

[51] 商婷婷，尤雪薇. 城市空间与电子商务空间流通的互动分析［J/OL］. 商业经济研究，2019（5）：5-8［2019-03-25］. http://kns.cnki.net/kcms/detail/10.1286.f.20190305.1336.002.html.

[52] 尚正永. 城市空间形态演变的多尺度研究［D］. 南京：南京师范大学，2011.

[53] 师昌绪. 关于构建我国"新材料产业体系"的思考［J］. 工程

研究：跨学科视野中的工程，2013（1）：5-11.

[54] 师昌绪. 新材料的现状与展望［J］. 自然杂志，1996（5）：249-260.

[55] 宋思曼. 国家中心城市功能理论与重庆构建国家中心城市研究［D］. 重庆：重庆大学，2013.

[56] 隋映辉. 新科技变革：科技产业转型与协调发展［J］. 福建论坛（人文社会科学版），2018（7）：14-19.

[57] 孙世界. 信息化城市：信息技术与城市关系初探［J］. 城市规划，2001（6）：30-49.

[58] 孙彤宇. 智慧城市技术对未来城市空间发展的影响［J/OL］. 西部人居环境学刊，2019（1）：1-12［2019-03-25］. https://doi.org/10.13791/j.cnki.hsfwest.20190101.

[59] 屠海令，张世荣，李腾飞. 我国新材料产业发展战略研究［J］. 中国工程科学，2016（4）：90-100.

[60] 王桂芹，李云飞. 湘潭城市主要功能空间演变与驱动机制分析［J］. 中外建筑，2016（8）：54-56.

[61] 王嘉文. 创新型城市的经验借鉴、建设路径与政策创新［J］. 创新科技，2017（3）：7-10.

[62] 王君. 新材料产业发展分析及我国发展路径选择［J］. 中国经贸导刊，2016（9）：56-58.

[63] 王娜，王兆林，周洪，王鑫. 成渝经济区城市群空间异质性特征分析［J］. 资源开发与市场，2019，35（3）：366-374.

[64] 王璞. 江西省新材料产业成长与发展研究［D］. 南昌：江西师范大学，2011.

[65] 王笑京. 新一代智能交通系统的技术特点和发展建议［J］. 工程研究：跨学科视野中的工程，2014（1）：37-42.

[66] 王颖. 东北地区区域城市空间重构机制与路径研究［D］. 长春：东北师范大学，2012.

[67] 王永忠. 人工智能技术在智能建筑中的应用研究［J］. 科技信息，2009（3）：342-343.

[68] 吴少雷，王诗琪，石云峰. 我国汽车新材料技术发展现状分析与建议［J］. 艺术科技，2016（11）：411.

[69] 希格玛. 无人驾驶时代将终结汽车私有变为共享模式［EB/OL］. 希格玛公众号，2017－07－16.

[70] 夏朝旭. 吉林城市空间发展演变研究［D］. 哈尔滨：哈尔滨工业大学，2012.

[71] 徐楠. 智能交通技术在停车场中的应用与发展研究［J］. 智能建筑与城市信息，2014（5）：73－76.

[72] 徐银凤，汪德根，沙梦雨. 双维视角下苏州城市空间形态演变及影响机理［J/OL］. 经济地理，2019（4）：1－12［2019－03－25］. http://kns.cnki.net/kcms/detail/43.1126.K.20190314.1328.018.html.

[73] 许庆瑞，吴志岩，陈力田. 智慧城市的愿景与架构［J］. 管理工程学报，2012（4）：1－7.

[74] 严熹. 城市物流功能演化及其空间布局优化研究［D］. 成都：西南交通大学，2013.

[75] 杨海华. 尺度重组视角下中国城市群空间重构探究［J/OL］. 区域经济评论，2019（2）：1－7［2019－03－25］. https://doi.org/10.14017/j.cnki.2095－5766.2019.0039.

[76] 杨亲民. 新材料与功能材料的科技兴业与可持续发展［J］. 功能材料信息，2005，2（1）：24－30.

[77] 杨文中，袁黎. 信息技术对交通技术的影响［J］. 交通标准化，2007（1）：117－121.

[78] 杨荫凯，金凤君. 交通技术创新与城市空间形态的相应演变［J］. 地理学与国土研究，1999（1）：45－81.

[79] 杨子江，何雄，隋心，张军. 基于POI的城市中心空间演变分析：以昆明市主城区为例［J］. 城市发展研究，2019（2）：31－35.

[80] 易信. 新一轮科技革命和产业变革趋势、影响及对策［J］. 中国经贸导刊，2018（30）：47－49.

［81］油新华，何光尧，王强勋，张磊. 我国城市地下空间利用现状及发展趋势［J］. 隧道建设（中英文），2019，39（2）：173－188.

［82］袁远明. 智慧城市信息系统关键技术研究［D］. 武汉：武汉大学，2012.

［83］曾祥基. 新科技革命的特点与经济全球化趋势［J］. 成都大学学报（社会科学版），2000（3）：1－53.

［84］曾章帆. 现代信息技术对城市空间结构的影响研究［D］. 成都：成都理工大学，2015.

［85］张建伟. 论中国生物技术安全立法的构建［J］. 重庆大学学报（社会科学版），2004（4）：109－113.

［86］张妮，徐文尚，王文文. 人工智能技术发展及应用研究综述［J］. 煤矿机械，2009（2）：4－7.

［87］赵若玺，徐治立. 新科技革命会带来什么样的产业变革［J］. 人民论坛，2017（15）：83－85.

［88］周劲. "三化"与"三业"：试议新兴产业对城市布局结构的影响［J］. 城市规划，2004，28（4）：62－64.

［89］周年兴，俞孔坚，李迪华. 信息时代城市功能及其空间结构的变迁［J］. 地理与地理信息科学，2004（2）：69－72.

［90］朱志坚. 城市信息化与城市管理［J］. 科技与经济，1997（5）：17－19.

［91］邹葆焕. 城市新区产业功能的选择与空间布局研究［D］. 重庆：重庆大学，2014.

［92］祖健，李诚固. 工业空间视角下城市功能空间关系特征与机理的个案研究［J］. 经济纵横，2017（2）：57－62.

［93］Adrienne LaFrance，Scott Bonjukian. 未来交通：无人驾驶的尖峰对决［EB/OL］. 可持续城市与交通公众号，2016－11－08.

［94］Adrienne LaFrance，Scott Bonjukian. 无人驾驶对城市的对与错［EB/OL］. 可持续城市与交通公众号，2016－11－08.

［95］Invest Value. 无人驾驶市场深度研究报告［EB/OL］. Invest Value公众号，2017－03－18.